LE SECRET DE L'ABONDANCE

Également écrits
par TOSHA SILVER

Prières pour une transformation personnelle
S'offrir le bonheur d'exister : laissez le divin ouvrir la voie
Parus aux éditions Guy Trédaniel
Make me your own: Poems to the Divine Beloved

Tosha Silver

LE SECRET DE L'ABONDANCE

Traduit de l'anglais par Delphine Hurier-Michaud

Le lotus & l'éléphant

Publié pour la première fois au États-Unis par Hay House Inc,
sous le titre *It's not your money*.
Hay House, Inc.,
P.O. Box 5100,
Carlsbad, Californie 92018-5100
Hay House, Inc.
www.hayhouse.com®

Édition française et traduction

Direction : Catherine Saunier-Talec
Responsable éditoriale : Lisa Grall
Éditrice : Sophie Bartczak
Traduction : Delphine Hurier-Michaud
Correction-adaptation : Sylvie Dumon-Josset
Mise en pages : Nord Compo
Fabrication : Anne-Laure Soyez
Principe de couverture et réalisation : Nicolas Gallois et Nicole Dassonville
Responsable communication : Johanna Rodrigue
Dépôt légal : janvier 2021
ISBN : 978-2-01-945786-0
88-1293-1
Imprimé en Italie par Grafica Veneta

PAPIER À BASE DE FIBRES CERTIFIÉES

hachette s'engage pour l'environnement en réduisant l'empreinte carbone de ses livres. Celle de cet exemplaire est de :
650 g éq. CO_2
Rendez-vous sur www.hachette-durable.fr

À Maha Kali

SOMMAIRE

Semaine 5 : L'enfant intérieur oublié

Semaine 6 : Les joyaux de la couronne

Semaine 7 : Non, vous n'êtes pas fou, vous passez un test

INTRODUCTION

« Papa, je t'ai dit, si Dieu n'est pas au programme, je m'ennuie. »
– Petite fille dans la file d'attente chez Kohl's[1]

Si l'on m'avait dit, il y a quelques années, que j'allais écrire un livre spirituel à propos de l'argent, je ne l'aurais jamais cru. Toutefois, en jetant un coup d'œil dans le rétroviseur, cela prend tout son sens. Tous mes précédents livres étaient centrés sur les moyens pratiques de lâcher prise et de laisser le Divin nous guider. Or, s'il est un prisme vraiment compliqué pour aborder ce thème, c'est bien celui de l'argent. En effet, les personnes spirituelles invitent le Divin en quasiment toute chose, sauf dans le domaine de l'argent.

J'étais la cadette d'une famille juive de la classe moyenne. Mes parents travaillaient incroyablement dur pour que mes deux frères et moi puissions vivre en ayant tout le confort matériel et je leur en serai toujours reconnaissante. Néanmoins, depuis mon plus jeune âge, j'étais obsédée par l'idée d'un désastre imminent. Malgré notre apparente sécurité, j'étais confusément persuadée qu'une catastrophe nous attendait au tournant.

Cette peur incessante provenait sans doute du fait d'être née dans une famille de survivants de l'Holocauste. Petite, j'entendais des histoires de pogroms, de camps de concentration et

1. Marque de grande distribution aux États Unis.

de systèmes économiques qui s'effondraient. La terreur devait naturellement être encodée dans mon ADN.

Cet héritage de vies emplies de souffrances, de pertes et de dur labeur a sans doute forgé ma réalité. Malgré une enfance passée dans le calme d'une maison de style ranch (avec un saule pleureur dans la cour que j'aimais éperdument), mon quotidien n'était qu'anxiété permanente. Cette crainte constante du pire à venir est née de façon un peu folle et dramatique.

Lorsque j'avais six ans, par un après-midi pluvieux, ma mère quitta la maison sans rien dire ; c'était rare. Trente minutes plus tard, je dévalais la rue et frappais aux portes en hurlant son nom, car j'étais certaine qu'elle avait été kidnappée. Lorsque je la trouvai assise calmement dans la cuisine d'une voisine, en train de boire un café et de lui prendre quelques œufs, je me mis à pleurer de soulagement et m'effondrai dans son giron. Elle lança à la voisine un regard entendu qui voulait dire : « Eh oui, voici ma chère fille hypersensible. »

Lorsque mes parents sortaient pour une occasion spéciale, mon frère aîné n'avait qu'une idée en tête : gagner au Scrabble® contre Patti, notre baby-sitter. Moi, pendant ce temps, je m'asseyais et collais mon visage contre la fenêtre glacée pour fixer, des heures durant, la rue sombre en contrebas, dans l'attente que les phares de leur Pontiac® réapparaissent. Lorsque, finalement, j'entendais la clé dans la serrure, j'avais le sentiment qu'une tragédie venait encore d'être évitée de justesse. Ce n'était que partie remise ; quand allait-elle frapper ?

Alors, oui, j'ai une imagination débordante et un sens du danger constant. J'ai toutefois appris très tôt à paraître aussi courageuse et normale que possible. Une fois diplômée de l'université et en dépit des opportunités de travail qui s'offraient à moi, j'étais rattrapée par l'instinct de survie. J'ai commencé à enseigner l'anglais seconde langue à mi-temps dans un collège communautaire et je passais le reste du temps à travailler sur les thérapies corporelles.

La peur de manquer était comme un nuage noir qui stagnait au-dessus de ma tête.

Si un client annulait, je paniquais. Même si, mois après mois, je réussissais à payer mes factures, je continuais à me tracasser pour *le jour où* je ne pourrais plus les régler. Avec le temps, cela a entraîné une telle surcharge de travail qu'à l'âge de 30 ans, je me suis retrouvée en insuffisance surrénale et alitée durant trois ans. J'ai d'ailleurs évoqué cet épisode de ma vie dans mes deux premiers livres.

Dans les années 90, j'ai recouvré une bonne santé, au moment où les idées *New Age* de la loi de l'attraction commençaient à exploser. Nombre de mes clients s'étaient entichés de la notion que tout désir pouvait être « attiré de façon magnétique » par des visualisations et des pensées positives. Ils se sont mis à accrocher au mur des tableaux de visualisation avec des photographies de tout ce qu'ils convoitaient (des vacances balinaises aux lofts d'artistes à Manhattan). J'ai alors remarqué que beaucoup d'entre eux vivaient dans la peur que toute pensée négative puisse retarder la concrétisation de leurs rêves. Certains se blâmaient même sévèrement pour chacun des souhaits qui n'avaient pas vu le jour, d'autres pensaient qu'ils les avaient « bloqués ».

Face à cette grande chasse aux souhaits – sorte de course d'Iditarod[1] métaphysique – je me suis toujours sentie déconcertée. Moi qui avais grandi dans un certain confort tout en étant sujette à une peur constante, je ne me faisais aucune illusion. Je ne croyais pas que le fait de se concentrer sur une longue liste de désirs puisse apporter davantage de paix. J'ai vu certains de mes clients devenir célèbres et amasser des fortunes, puis tout perdre ; des gens qui pensaient avoir trouvé l'âme sœur, et qui la perdaient aussitôt. Un désir douloureux semblait juste en entraîner un autre.

Au même moment, j'ai eu envie d'approfondir mes études spirituelles de philosophie yogique. J'avais découvert le yoga à l'université et compris que cette discipline pouvait apporter beaucoup plus qu'un stress réduit et un joli derrière. Elle pourrait aussi

1. Rivière d'Alaska ayant donné son nom à une célèbre course de chiens de traîneaux en Alaska.

répondre à nombre de mes questions. Je savais qu'il devait exister une réponse à la vie plus profonde et nuancée que « naître, amasser et mourir ». J'aspirais, malgré les aléas de la vie, à un sentiment de sécurité et de satiété, ce sentiment qu'en dépit des hauts et des bas, des crises et des catastrophes, l'on pouvait d'une manière ou d'une autre prospérer.

J'ai donc commencé à étudier de célèbres textes anciens venus d'Inde, tels que la *Bhagavadgita* et les *yoga-sūtras* de Pantanjali. J'ai découvert un confort indicible dans leurs idées, parmi lesquelles le détachement (*vairagya*), la non-possessivité (*aparigraha*) et l'abandon (*ishvara pranidhana*). Elles étaient telles des boissons délicieuses et calmantes dont mon esprit enfiévré aurait voulu s'abreuver depuis toujours.

Dans le même temps, j'ai découvert le travail de Florence Scovel Shinn, une écrivaine métaphysique du siècle dernier. C'était une new-yorkaise pragmatique qui a notamment écrit *Le jeu de la vie et comment le jouer*. C'est grâce à elle que j'ai « capté » que Dieu était la Source de tout. Point final. J'ai découvert que cette Source pouvait être invoquée en toutes situations, même les plus invraisemblables. La compréhension de Florence de l'ordre divin – ou qu'un plan cohérent sous-tend même les plus grands défis – commença à nourrir mon esprit avide de savoir. Grâce à cette découverte et à l'étude des textes yogiques, une nouvelle voie commença à émerger.

C'était un peu comme si le Seigneur me disait en riant : « Tu sais, tu es ici pour apprendre comment me *servir,* pas pour passer des commandes les unes après les autres. Laisse-moi donc me charger de tout. Tu cesseras de vivre dans cette terreur abjecte et tu te rappelleras pourquoi tu es née. Tous les besoins seront satisfaits au-delà de ce que tu peux imaginer ! »

En outre, mon propre ego ne parvenait pas à manifester quoi que ce soit, même lorsque j'essayais ! Et même si je savais que la loi de l'attraction contenait certaines vérités (notamment que nos pensées créent, *en partie,* notre réalité), j'ai découvert que d'autres lois étaient également efficaces. Dans les textes yogiques, j'étais particulièrement attirée par la loi du *prarabdha karma* ou l'idée que, dans chaque vie, une âme naît pour suivre un cursus précis et que chaque désir n'est pas censé se concrétiser (quel que soit le nombre de planches remplies pour composer votre tableau de visualisation).

J'ai commencé à sentir que la paix à laquelle j'avais toujours aspiré viendrait en apprenant à vivre en harmonie consciente avec cette force. Je voulais vraiment apprendre à la laisser agir en moi plutôt que de la mettre à contribution pour concrétiser mes souhaits. Pour moi, poursuivre ses désirs de manière hyper prudente ressemblait à de la microgestion. Tant de gens pensaient qu'en restant chaque seconde sur leurs gardes, ils finiraient peut-être par obtenir ce qu'ils voulaient. Or, je commençais à me rendre compte que l'ego est une sorte de puits à vœux sans fond qui ne sert pas toujours les meilleurs intérêts de l'âme.

Au travers de la vision de la Source divine de Florence Scovel Shinn – l'idée qu'aucune personne, aucun lieu ni aucune chose ne pouvait assurer ma protection, à part Dieu lui-même – ma vie a commencé à changer radicalement. J'ai appris, parfois de manière très douloureuse, à écarter les intentions de l'ego et à lâcher prise. Cependant, un nouveau sentiment d'abondance bénie a alors commencé à émerger. Cela n'avait rien à voir avec le fait de réclamer des millions. Il était davantage question de s'ouvrir, de donner, de recevoir et de servir le *Flow*[1].

C'est, selon moi, quelque chose que tout le monde peut apprendre, quels que soient son âge, son origine, sa nationalité, son genre, son orientation sexuelle, etc. Parce que, de la façon la plus efficace possible, Dieu transcende tout.

Je n'ignore d'ailleurs pas les jugements stéréotypés qui affligent et infectent notre société, souvent de manière brutale et injuste. Toutefois, lorsque vous invitez et incarnez cette Source, votre corps physique éphémère et vos affections actuelles sont transcendés. Vous vous ouvrez à la largesse divine qui est supposée vous être personnellement destinée, *peu importe comment*. Cette nouvelle voie peut s'apprendre, avec de l'enthousiasme, de

1. En anglais, *flow* signifie le flux, le mouvement.

la curiosité ou même juste en vous disant : « Bon sang, je suis complètement crevé. »

La formation d'origine

L'idée de ce livre est venue, il y a quelques années, alors que je donnais une formation en ligne. La plupart des participants avaient lu mes précédents livres et participé à mon forum en ligne *S'offrir le bonheur d'exister*, au cours duquel j'enseignais l'art de laisser le Divin agir à travers nous. L'un d'eux me suppliait régulièrement d'en tirer un livre.

Dans un monde qui, jour après jour, sombre dans une instabilité folle, les gens avaient besoin d'une méthode pas à pas pour retrouver un sentiment de plénitude. La plupart d'entre eux voulaient cesser d'étouffer sous l'abondance. En les voyant me demander de l'aide à moi, la reine de la catastrophe en personne, l'ironie de la situation et le sens de l'humour de Dieu ne m'ont alors pas échappé.

Des centaines de personnes se sont inscrites pour la première aventure en ligne et nous avons fait le voyage ensemble. Chaque semaine, l'enthousiasme général était galvanisant. Plus nous avancions, plus nous étions excités. D'ailleurs, toutes les lettres et la majeure partie des histoires relatées dans ce livre sont tirées de personnes ayant suivi cette formation, même si elles ont parfois été modifiées pour préserver leur anonymat. J'ai pu constater que, quel que soit le contexte, tous ceux qui appliquaient sincèrement les principes de la Source divine gagnaient une nouvelle relation à l'argent, sans manifester quoi que ce soit.

Une fois le parcours terminé, j'ai ressenti l'irrésistible besoin d'écrire ce livre. Le message qu'il délivre est à l'opposé de « Vous allez apprendre à changer ou à vous améliorer. » Il dit, au contraire, que vous allez laisser l'Amour universel apporter des changements que vous seul n'auriez pas su opérer. Cela n'a rien à voir avec « Je peux le faire ! », c'est plutôt « Moi – l'ego – je n'en ai aucune idée, mais Dieu, lui, le sait sûrement ! »

Vous allez apprendre à offrir, au quotidien, vos problèmes financiers au Divin (pas juste lors d'un exercice intellectuel ennuyeux).

Cette obsession des gens à manifester leurs besoins en attendant qu'ils tombent du ciel les a malheureusement poussés à considérer Dieu de manière utilitaire. Or, il n'est pas réductible à un supermarché où l'on remplit son Caddie® !

Dans ce livre, nous ne parlerons pas de cocréation, de tableaux de visualisation, ni de chèques d'un million de dollars émis par la Banque de la Divinité. Nous allons plutôt aborder comment offrir votre argent, tous vos problèmes et vos désirs en retour à Dieu et comment vous défaire de la matrice de la cupidité et de la contrainte. Avec le temps, vous allez prendre conscience qu'en réalité, tout cela *ne vous appartient pas*. Vous allez avoir l'impression de faire partie de quelque chose de beaucoup plus grand que votre ego. Quelque chose que vous allez servir et qui a hâte de *vous* servir en retour.

En bref, vous allez devenir un canal pour le *Flow* divin. Puisque votre salut ne reposera plus sur une personne, un endroit ou une chose en particulier, vous allez vous ouvrir à Dieu et découvrir comment Il souhaite vous donner (souvent de manière très originale !) mais aussi comment Il va vouloir vous utiliser pour donner. Tout cela est très facile à assimiler.

Que vous lisiez ces lignes en vous disant : « Hum, j'ai 38 € sur mon compte en banque actuellement, et j'ai dû emprunter de l'argent pour acheter ce foutu livre, alors comment, diable, cela fonctionne-t-il ? » ou que vous ayez beaucoup d'argent et une peur constante de tout perdre, votre situation financière importe peu car, si vous vous engagez sincèrement dans ce processus, vous allez entrer dans le *Flow* divin avec l'idée que le Divin *seul* est le propriétaire et l'origine de tout.

Et là, je vous le promets, *tout va alors changer.*

Ce n'est pas votre argent

Le titre original du livre était *« It's not your money »* (Ce n'est pas votre argent). Il pouvait prêter à confusion, mais le but n'était pas de jouer sur un titre accrocheur. Lorsque je dis que ce n'est pas votre argent – *Dieu du ciel !* – je le pense sincèrement.

Cela n'est réellement pas le vôtre.

Pas plus que ce n'est le mien.

Car tout appartient à Dieu.

Les plus cyniques d'entre vous pourront penser (ce qu'un animateur radio m'avait dit un jour) : « Mais, enfin, ce n'est pas possible ! Est-ce que vous prenez du crack ? Si, demain, quelqu'un vole votre voiture, il va bien prendre votre véhicule et c'est bien vous qui allez devoir vous dépêtrer avec ça ! » Oui, c'est tout à fait vrai. À un certain niveau, c'est bien votre voiture, votre argent, tous vos biens. Mais à un niveau plus profond, ce n'est pas le cas. C'est là tout le paradoxe.

Vous allez bientôt en faire l'expérience concrète et vous en serez convaincu. Parce que, si quelque chose vous a attiré jusqu'ici – que ce soit le destin, le désespoir ou votre meilleur ami – c'est sans doute parce que vous êtes prêt à sortir d'un certain somnambulisme culturel. Votre réveil intérieur s'est déclenché et vous crie qu'il est temps de comprendre que Dieu est le fournisseur de tout.

Vous devez être prêt – vraiment prêt – à *être* l'abondance et non plus à la *pourchasser*.

Je vais vous aider à franchir des étapes spécifiques qui vous permettront d'opérer ce changement. A l'origine, la formation durait huit semaines et je vous conseille vivement de suivre le même *timing*. Nos croyances limitantes sont tellement ancrées que huit semaines sont à la fois suffisamment longues pour laisser le temps au cerveau de changer et suffisamment courtes pour que vous restiez inspiré. Aussi, n'oubliez pas que, peu à peu, en servant le Divin, vous allez commencer à ressentir que l'on s'occupe de vous et gagnerez l'assurance que chaque vrai besoin sera comblé.

Pour moi – et pour nombre de ceux ayant suivi ces principes – découvrir qu'il était possible de calmer cette peur a été comme une libération conditionnelle après une condamnation à perpétuité. Puisque ce n'est pas votre argent mais celui de Dieu, vous n'avez plus à vous angoisser, à élaborer des stratégies, à comploter, ni à manifester quoi que ce soit pour en avoir.

Toute chose acquise grâce à l'ego peut être perdue, mais quand vous faites partie du *Flow*, Dieu peut utiliser *quoi que ce soit* ou *quiconque* pour offrir. Les bonnes actions et connexions peuvent venir de n'importe où. Quelque chose de plus grand que l'ego peut finalement prendre le dessus et, si votre âme a besoin de quelque chose, elle finira par l'obtenir.

Le pouvoir immanent de la Grâce, la joie de recevoir et les synchronicités qui s'enchaînent et déferlent telles des vagues sur la rive de votre vie : voilà ce qu'est la *véritable abondance*.

UN MOT SUR LA TERMINOLOGIE

Avant que nous n'entrions dans le vif du sujet, je dois évoquer deux questions importantes.

Qu'en est-il de Dieu ?

Pour retranscrire une langue ancienne et la rendre percutante, j'ai découvert que beaucoup de gens avaient besoin d'une permission. Pour certains, en effet, le terme *Dieu* porte une charge émotionnelle et historique si lourde qu'il ne suscite que de la honte, de la peur ou de la culpabilité. Une femme m'a écrit un jour que, du fait de son éducation catholique stricte, dans les années 60, l'idée d'un *plan divin* la troublait. En effet, c'était pour elle synonyme de *souffrance* et elle voulait savoir si par *Divin* j'entendais bien *bonté infinie,* sans faire référence au Punisher cosmique des héros de Marvel®.

C'est bien ainsi que je l'entendais et je lui suggérai alors d'utiliser le terme de son choix : *Amour*, *Éternité,* ou pourquoi pas *Flow*, ou encore *Shakti* (un de mes mots préférés). Ce terme issu du sanskrit fait référence à la Force suprême qui anime toute création. Mais, pour moi, peu importe l'appellation utilisée. Le nom n'est qu'un vecteur qui, en fin de compte, porte quelque chose d'unique et d'impossible à qualifier.

Chacun étant différent, si vous ressentez une affinité particulière pour une déité, vous pouvez, par exemple, utiliser son nom. Certains vont se référer à Jésus, à Bouddha ou à Lakshmi, l'étincelante déesse hindoue de l'abondance ; d'autres vont voir Dieu sous la forme d'une lumière diffuse. Certains vont préférer dire *déesse* et échapper au joug d'une langue patriarcale vieille de 2 000 ans, quand d'autres auront un faible pour le concept d'*Être aimé*, à l'instar du poète soufi Rumi.

Je fais partie de ceux qui trouvent l'usage des termes *Dieu, Seigneur, Divin* ou *Esprit* réconfortant et protecteur. Toutefois, je ne confère à Dieu aucun genre et lui attribue aussi bien *Il* que *Elle*. Ce sont principalement ces noms que j'utilise, mais il peut m'arriver d'en employer d'autres. Je vous conseille de choisir le mot qui résonne le plus en vous.

Ce libre choix peut aider ceux qui ont une curiosité spirituelle mais sont hostiles à la religion conventionnelle. Si vous êtes de ceux-là, n'ayez crainte, car vous pouvez toujours apprendre à faire confiance au *Flow*. Par exemple, l'une de mes amies se dit résolument agnostique, mais vit pleinement les concepts de don, d'abandon et d'ouverture, agit dans la foi et s'en remet à quelque chose qui dépasse de loin l'ego. Or, elle parle souvent de la *Voie*, en référence au *Tao te king*[1]*.

Un jour, un maître de surf à Ocean Beach m'a dit : « Écoute à l'intérieur, incline-toi jusqu'à la Force et surfe sur cette vague aussi loin qu'elle te porte. Aucun ego ne peut s'imposer sur la mer... Ceux qui essaient finissent un jour ou l'autre par se fracasser. C'est inévitable. »

La voie de l'offrande est ainsi faite. Il n'est pas question d'être passif ou faible, mais d'honorer sa puissance originelle.

Pour moi, le Divin est autant *intérieur* qu'*extérieur*. Il est *Amour* et Il est *Tout*. Ce n'est certainement pas une sorte de Thor grincheux qui nous juge, pique des colères dans le ciel et nous lance des éclairs. Quel cauchemar si Dieu ne devait être qu'une figure d'autorité extérieure ! Ce parcours consiste à invoquer notre Moi supérieur pour qu'il prenne les commandes et les changements puissants qui en découleront naîtront de cette intimité croissante avec Dieu.

1. Ouvrage de Lao Tseu, fondateur du taoïsme.

Dans son magnifique ouvrage *Diagnostic incurable, mais revenue guérie à la suite d'une N.D.E.*, Anita Moorjani, décrit son expérience de mort imminente et sa prise de conscience. Elle écrit : *« J'ai compris qu'il n'existe aucune création séparée de moi – parce que le mot extérieur suggère la séparation et la dualité. (...) Pour expliquer cela d'un autre point de vue, bien que j'aie utilisé le terme énergie universelle, sachez que je peux tout aussi bien l'appeler chi, prana ou ki. Tous ces mots signifient « énergie de la force de vie » (...) En bref, c'est la Source de vie, et elle circule dans chaque être vivant. En fait, elle emplit l'Univers tout entier et en est inséparable. »* Je suis entièrement d'accord avec ces mots.

Qu'en est-il de toutes ces prières ?

Mon précédent livre, *Prières pour une transformation personnelle*[1], était un recueil de suppliques pour être transformé. De la même façon que tout le monde a un avis sur Dieu, les réactions à cet ouvrage ont été nombreuses et variées. Certains ont adoré l'idée de l'Amour universel qui nous transforme et nous libère des fausses identités et des inhibitions, quand d'autres l'ont détestée. Il est même arrivé que des lecteurs m'invectivent et me lancent : « Je ne veux pas être changé ! Il m'a fallu une éternité pour réaliser que je suis bien tel que je suis. » Aussi, laissez-moi vous expliquer ce concept.

Les prières qui suivront ont pour objectif de vous aider à sortir des limites de l'ego. Plutôt que de vous transformer en quelque chose que vous *n'êtes pas*, elles vous aident à devenir davantage vous-même. Inviter le Divin à entrer en action permet souvent de libérer une certaine liberté et une spontanéité qu'*aucun autre effort* ne parviendrait à libérer. Votre Moi intérieur instinctif indique les actions justes au bon moment et il agit à travers vous. Il n'attend que votre invitation.

C'est au cours des dernières semaines de vie de ma très chère mère, Debbie, que j'ai utilisé les prières de transformation pour la

1. Éditions Guy Trédaniel.

première fois. J'étais perdue. Je voulais retenir chaque seconde passée auprès d'elle. Pour parvenir à rester dans la chambre, à côté de son corps squelettique, et pour lui offrir cette présence dont elle avait besoin, je me suis mise à prier. « *Change-moi, Dieu, en une personne qui sait être présente à ses côtés et là pour elle !* » À mon plus grand étonnement et comme par magie, cela a fonctionné. Très vite, j'ai découvert que ces prières étaient entendues *pour à peu près tout*.

Cela étant dit, vous pouvez utiliser le langage qui vous plaît et qui sied à votre tempérament. Si les mots « change-moi » vous chagrinent, remplacez-les par « aide-moi », « permets-moi », « laisse-moi » ou par d'autres termes encore. Personnellement, je suis très enthousiaste à l'idée d'un Amour divin qui puisse me transformer et permettre à son plan – et non à mon ego – de prendre les rênes. Si ces mots ne vous conviennent pas, vous saurez trouver les bons. Ce qui importe est de formuler votre invitation de la manière la plus personnelle, authentique et intime possible. Le langage employé est secondaire.

SEMAINE 1

UN SOULAGEMENT TOTAL

« Quand vous ne serez plus attaché, vous aurez fait votre part. Le reste sera fait pour vous. »
– Nisargadatta Maharaj, *Je suis*

Au cours de la première semaine d'entraînement, lisez ce chapitre et cherchez dans quels domaines de votre vie ces idées peuvent s'appliquer. La compréhension de ces concepts vous prépare à la deuxième semaine, au cours de laquelle vous allez mettre en pratique les cinq mesures actives vers l'abondance.

Prière de transformation pour la pleine abondance

Ce premier concept sera votre arme secrète. Il fait appel, de manière efficace, au pouvoir transformateur de l'Amour universel et permet d'élever votre conscience *quel que soit* son niveau actuel. Il invoque l'abondance même – en incluant la gratitude, la prospérité et la liberté – et il sert aussi un objectif encore plus profond : celui d'*enseigner à votre être tout entier que, vous aussi, vous méritez de recevoir.* À bien des égards, c'est une ode au mérite.

Divin Aimé, autorise-moi à donner avec aisance et abondance, puisque Tu es la Source illimitée de tout.
Laisse-moi être un canal ouvert et efficace pour Ta prospérité.
Permets-moi de croire que tous mes besoins seront toujours comblés et qu'il est sain de donner librement, comme mon cœur me l'indique.
Fais que je me sente totalement ouvert(e) au fait de recevoir et que je sois convaincu(e), sans douter, de ma propre valeur, de ma beauté et de mon mérite.
Laisse-moi accorder aux autres le plaisir suprême de me donner.
Fais que je me sente, en toute circonstance, digne de recevoir.
Fais de moi quelqu'un qui sache s'aimer, se pardonner et s'accepter afin que je puisse porter Ta lumière sans limites.
Permets à tout ce qui doit partir de partir.
Permets à tout ce qui doit venir de venir.
Je suis totalement à Toi.
Tu es mien, je suis Tien(ne), nous ne sommes qu'Un.
Tout est bien.

À titre d'exercice, lisez cette prière tous les jours, pendant les huit semaines de ce programme. C'est une sorte de boisson fortifiante qui doit infuser à l'intérieur de vous.

Qui que vous soyez, elle sait comment vous guérir et quelles parties spirituelles renforcer en vous. Par exemple, certaines personnes (en particulier les femmes) donnent facilement, mais ne savent pas du tout recevoir. Elles vont donner – et même *trop* donner – puis être furieuses de ne rien avoir en *retour*. Or, cette prière instille en vous l'intention que vous aussi pouvez recevoir !

Pour d'autres personnes, la prière peut adoucir des ressentiments ou libérer une amertume enfouie. Elle peut atténuer la honte de problèmes financiers passés. Pour d'autres encore, qui ont peur de donner, elle desserre l'emprise de l'avarice et dissout les croyances dépassées et les vieilles rancœurs.

Dès le premier jour, j'ai ressenti un changement radical.

« J'ai dit la prière de transformation pour une pleine abondance tous les jours. Elle était écrite sur une feuille de papier que j'avais accrochée sur le miroir de ma salle de bains. Au cours de la journée, à chaque fois que je me regardais, je la lisais à haute voix. Il m'est aussi arrivé de la murmurer. Très vite, je l'ai sue par cœur. Mais je peux affirmer que, dès le premier jour, j'ai ressenti un changement radical. J'étais enfin capable de respirer, comme si la prière avait créé un espace dans ma poitrine. De nombreux autres changements d'ordre financier ont suivi. »

Quelques idées de base traversent ce livre, comme une rivière. Ce sont les principes de Source divine, d'action, d'offrande et du *prarabdha karma.* Vous familiariser dès le début avec ces notions vous aidera tout au long du processus.

Se relaxer dans la Source divine

La Source divine est l'idée selon laquelle aucune personne, aucun lieu ni aucune chose ne peut vous apporter le Salut. Seul l'Amour peut vous sauver. Vous commencez à croire que la Réserve universelle est la base de tout. Vous sentez qu'un seul Être sous-tend ce monde. Vous savez que la porte d'à côté va s'ouvrir au bon moment et que les actions vont spontanément se produire *quand vous en aurez besoin*. Laissez-moi partager avec vous quelques histoires qui illustrent ceci.

Se libérer de son ex

Mon amie Jane n'en finissait pas d'éprouver du ressentiment suite à la signature d'une convention de divorce, quelques années auparavant. Elle rejouait constamment les événements dans sa tête. Souvent éveillée au beau milieu de la nuit, elle était furieuse de ne pas avoir conclu un meilleur accord. Sa rage la maintenait dans un état permanent de victimisation bloquant ce qui pouvait lui arriver de bon.

Lorsqu'elle a commencé à utiliser la prière d'abondance pour réinstaller Dieu à sa Source, elle a fini par pencher doucement vers l'acceptation. (Elle avait également énormément de colère à libérer, mais je vous en dirai plus à ce sujet au cours de la cinquième semaine.) *Elle s'est alors rendu compte que son ex n'était pas sa Source.* Dieu l'avait simplement utilisé, *lui*, comme support, mais Il pouvait maintenant utiliser tout autre moyen. Elle a arrêté de bloquer *les autres possibilités* que Dieu pouvait lui offrir. En quelques mois, Jane – qui est ingénieure en mécanique – s'est vu soudainement offrir un job en or auquel elle ne s'attendait pas.

Ma Baba[1]

Voici une autre façon de voir la Source divine. Lorsque j'étais petite, ma grand-mère, Baba, venait deux fois par mois me chercher pour m'emmener au restaurant. Cette femme russo-polonaise était originaire « du vieux monde » et sa vie ici, aux États-Unis, n'avait pas grand sens pour elle.

Chaque fois que nous nous garions dans le grand parking, près du restaurant, Baba répétait avec son accent yiddish : « Bon, ma chérie, nous devons nous rappeler qué nous sommes garées à côté di cette jolie voitiré. Comme ça nous né nous perdrons pas ! » Pourtant, *chaque* fois, après le déjeuner, nous errions dans les allées et zigzaguions entre les voitures, totalement confuses et perdues, car son point de repère avait bougé. Après quelques semaines, j'ai fini par réaliser que nous avions besoin d'un nouveau système mnémotechnique (« Euh, Baba, nous sommes dans la première rangée à partir de l'entrée ! »).

Découvrir la Source divine revient au même. La plupart des gens trouvent la sécurité dans un point d'ancrage éphémère. Ils prétendent : « Ce job précis est ma Source totale. Si je ne l'avais pas, je n'en trouverais jamais un semblable » ou « Cette partenaire est ma bouée de sauvetage. Si elle me quitte, je serai détruit. »

1. *Baba* signifie grand-mère, dans les pays slaves.

Cependant, lorsque vous faites de l'Intelligence divine votre fondation, vous avez enfin une étoile fixe à suivre. Vous ne dites plus que telle ou telle chose est votre réponse. Dieu sait ce dont vous avez besoin.

Vous êtes alors enraciné dans l'idée que la *solution parfaite sera toujours choisie, que vous serez guidé, au bon moment, dans la bonne direction et que dès qu'une chose touchera à sa fin, alors une nouvelle route s'ouvrira et que vous la suivrez avec joie* !

Laisser la Source guider

Si vous considérez le Divin comme votre ultime protection, alors les sources telles que le travail, les finances, les besoins et même l'économie deviennent hors sujet (je sais que cela peut vous paraître dingue, mais suivez mon raisonnement). Vous élevez votre vibration bien au-dessus de la tourmente de la réalité économique actuelle et vous en remettez aux mains expertes de Celui qui est à l'origine de Tout.

L'Univers peut ensuite utiliser *tout ce qu'il veut* pour répondre à vos besoins – souvent de façon plus créative et inattendue que notre esprit ne le concevrait. Lorsque mon ami Andy dit qu'il envie ceux qui héritent, j'éclate de rire : « Eh bien, en réalité, la Source divine *est*, à plus d'un titre, le meilleur fonds fiduciaire qui soit ! »

Voici une prière efficace pour vous aider à rester dans cette conscience :

Change-moi, Divin Aimé, en quelqu'un qui croit que tous les vrais besoins sont toujours comblés par Ton abondance. Fais que je cède et Te permette d'être ma Source pour Tout. Laisse-moi respirer, me détendre et Te laisser me guider. Je suis en sécurité. Je suis en paix. Tous mes besoins seront abondamment comblés. Je suis complètement à Toi.

Le passage à l'action

Tôt ou tard, dans la vie, la cupidité et l'avidité finissent par vous serrer comme des vêtements trop petits. L'âme aspire à quelque chose de plus grand que les intentions de l'ego pour être guidée. Vous désirez servir et être en harmonie avec le Tao.

Très souvent, ce glissement s'opère par épuisement. Un ami m'a dit un jour : « Tu sais, j'étais une vraie tête de pioche mais j'ai fini par lâcher prise, soit parce que j'évolue, soit parce que je suis épuisé. Mais le résultat est là ! » Quelle que soit la souffrance qui l'a déclenché, quand ce moment-là arrive, c'est un instant béni. Enfin, vous êtes ouvert... par Dieu. Au lieu de lutter et de vous contraindre davantage, vous apprenez à libérer la voie. Votre intuition commence à guider vos actions et vous ne vous attachez plus aux conséquences.

En commençant la rédaction de ce livre, j'ai fait face à une nouvelle remise en question. Mes travaux précédents étaient des recueils d'histoires et de poèmes, mais je ressentais l'incessant besoin d'écrire un livre sur l'abondance. Je savais que ce devait être un manuel pratique. Un recueil d'histoires, même bien troussé, n'aurait pas convenu. Je devais laisser Dieu m'amener au-delà, bien au-delà de « ma » zone de confort, là où je n'étais jamais allée.

J'avais beau avoir le sentiment d'avoir tout donné, la tâche était loin d'être terminée. J'étais bloquée au stade de « c'est mon livre » et je me répétais sans cesse : « Je ne peux pas faire ça ! Je suis une conteuse née. » Pendant quelques mois, même si l'échéance approchait, j'étais incapable d'écrire.

De désespoir, j'ai fini par me décharger complètement sur Dieu, en priant de tout mon être : *« Libère-moi de l'illusion d'être celle qui agit ! »* Le lendemain matin, en me réveillant, j'ai ressenti dans mon for intérieur : « Le Seigneur est mon esprit et je ne dois pas faillir. Il s'occupe de la rédaction. Libère-toi du *Je* et suis ce qu'Il te dicte de faire. » C'était comme si Dieu disait : « Arrête de m'embêter pour savoir quel type d'écrivain tu es. Tout ceci n'est qu'une illusion. Sois réceptive et laisse-moi t'utiliser ! » En suivant ce conseil, je suis sortie de cette coquille d'auto-identification étriquée dans laquelle je me trouvais, et le livre a pu s'écrire.

L'importance de libérer l'action a continué de s'illustrer tout au long de la rédaction de cet ouvrage. En commençant à écrire, j'ai très vite compris que si je partais faire une longue promenade et demandais au Divin de m'apporter des réponses, il m'envoyait non seulement des idées pour la rédaction, mais aussi des signes et des messages : un panneau d'affichage par-ci, un graffiti plein de sens par-là ou même une bribe de conversation saisie au vol que je m'empressais alors de noter dans mon téléphone.

Un jour, alors que je flânais sur Valencia Street, à San Francisco, un tsunami d'idées s'est abattu sur moi. Mon téléphone n'avait plus de batterie et j'ai foncé prendre une serviette en papier dans un café pour les noter dessus à toute vitesse. Je ne pouvais pas attendre d'être rentrée à la maison pour tout consigner.

En arrivant devant ma voiture garée quelques kilomètres plus loin, j'ai réalisé que la serviette avait disparu. Dieu seul sait où je l'avais laissée tomber. Une panique semblable à celle d'un enfant qui se dit qu'il a « tout bousillé » s'est emparée de moi. Je me suis alors souvenue que *toute cette promenade m'avait été entièrement offerte. En fait, l'intégralité du livre l'était aussi ! Si la serviette avait disparu, il n'y avait pas de problème. La Force qui m'avait livré les idées la première fois pouvait me les transmettre de nouveau, si elle le jugeait nécessaire.*

Je me suis assise dans ma voiture, j'ai respiré et j'ai prié. C'est alors que les idées inspirantes sont toutes revenues telle une volée de mouettes. Il ne fait aucun doute qu'elles auraient pu rester bloquées par la peur, par le désespoir ou par une salve de blâmes du style « Comment ai-je pu être aussi négligente ? » Or, cette libération de l'action les avait toutes mises à ma disposition.

La grande Martha Graham a dit un jour à la danseuse et chorégraphe Agnes de Mille : « Il y a une vitalité, une force de vie (...) qui se traduit dans l'action. Or, comme en tout temps il n'y aura jamais qu'une personne comme toi, cette expression est unique. Si tu la retiens, personne ne lui permettra d'exister et elle sera perdue. Le monde ne la connaîtra pas. Ce n'est pas à toi de déterminer si elle est bonne ou valable ni de la comparer à d'autres expressions. *Ton rôle est clairement de la garder et de maintenir le canal ouvert !* »

Nombre d'entre vous ont sans doute déjà fait l'expérience de cette inspiration qui arrive naturellement lorsque vous êtes dans un état de conscience détendu. C'est *cela* le passage à l'action. Même

Michel-Ange aurait dit que son œuvre, *Le David*, avait été créée en ciselant le marbre afin d'ôter le superflu. Michel-Ange suivait la Voie divine. Cette Voie existe dans de nombreux domaines, y compris dans celui de l'argent.

Adieu *mon, ma, mes*

Offrir est au cœur de ce livre. C'est tendre et rendre tout fardeau à Dieu, que ce soit un désir, une obsession, une maladie, un problème d'argent ou autre chose. Après tout, au commencement, tout était à Lui ! Procéder de la sorte revient en un sens à dire : « Ceci me tourmente tellement que je ne peux plus me reposer sur la seule force de mon ego. S'il Te plaît, montre-moi Ta volonté. »

La véritable offrande consiste à retourner à l'Amour universel ce qui est pour vous une croix impossible à porter. C'est une façon d'y voir plus clair quand l'action s'avère nébuleuse. Pour commencer, il suffit de remplacer *mon, ma, mes* par *le, la, les.* Nous avons appris à penser ainsi : *mon argent, mon corps, mon partenaire, mon bonheur, mon échec*, et même *mon* éveil. Dans la culture occidentale, *mon* est omniprésent. Seulement, voilà le piège : si tout *vous* appartient (à votre ego), le fardeau est également *vôtre.*

La simple substitution par l'article défini *le* permet d'atténuer la cupidité et de pouvoir commencer à offrir. Dites ainsi : « Je m'inquiète actuellement pour cette entreprise (...) et je suis heureux de tout offrir au Divin pour que les bonnes actions puissent arriver au bon moment. »

Cela peut s'appliquer en toute circonstance. Prenons l'exemple de Sally. Souffrant de polyarthrite rhumatoïde, elle focalisait toute son identité sur sa terrible maladie. Mue par l'angoisse et le désespoir, elle disait constamment « ma maladie », « mes restrictions », « mes dépenses liées à mes rhumatismes ». Étant donné qu'elle n'avait rien à perdre, je lui ai suggéré d'envoyer tout ce fardeau au Divin et de se libérer des *mon, ma, mes.* Elle a alors commencé à dire à Dieu : « Je Te donne entièrement cette maladie. S'il Te plaît, aide-moi à m'ouvrir et montre-moi les bonnes actions à mener.

Et s'il n'y a *aucune* solution, permets-moi au moins d'accepter la situation telle qu'elle est actuellement et indique-moi clairement ce que je dois apprendre. »

En laissant tout simplement tomber l'adjectif possessif, elle a immédiatement ressenti plus d'espace. Avec le temps, en offrant, en acceptant et en dénouant tout ce qui la bloquait, elle a pu obtenir une rémission inespérée. Elle s'est sentie poussée à retourner voir un acupuncteur qu'elle consultait des années plus tôt et qui la soignait avec ses aiguilles, des plantes et un régime alimentaire. Et, cette fois-ci, cela a fonctionné. Sans doute parce qu'elle s'était enfin libérée de *l'emprise de son ego qui s'identifiait au problème*. Malgré des poussées inflammatoires persistantes, son état s'est nettement amélioré.

L'acceptation radicale

Une partie du processus de transformation de Sally a reposé sur l'acceptation. S'il est très difficile d'essayer de convaincre son ego d'accepter ce qu'il déteste, l'acceptation – principe actuellement très populaire – s'invite facilement au travers de prières. On prie alors pour embrasser une *chose telle qu'elle est dans l'instant présent* – pas pour la posséder toujours – puisque, dans le monde de Dieu, les choses changent continuellement. L'acceptation radicale dans l'instant ouvre donc le *Flow*.

Le concept *« Ce à quoi on résiste persiste »* a un fond de vérité, et découvrir que je pouvais prier pour atteindre l'acceptation radicale a été l'une des grandes révélations de ma vie, en particulier lorsque je me trouvais enlisée dans une résistance totale. Je pouvais dire alors : « Laisse-moi embrasser ceci *juste pour le moment*. Laisse-moi dire *oui, seulement maintenant*. » L'acceptation n'est ni de la résignation ni de l'impuissance, mais une ouverture de la Voie vers les bonnes actions à mener ensuite.

Offrir son ressentiment au Divin

Sara est une femme peintre renommée et très admirée. Pendant de nombreuses années, elle a très bien gagné sa vie et exposait dans des galeries du monde entier. Puis elle a rencontré Joelle, le grand amour de sa vie.

Emportée par le tourbillon de la passion, trois mois après leur rencontre, Joelle avait emménagé dans la maison de Sara, à San Francisco. Joelle n'avait pas de source de revenus réguliers et sa précédente partenaire la soutenait financièrement. Bien que très amoureuse, Sara ne supportait pas de devoir subvenir aux besoins de sa compagne. Elle se mit rapidement à bouillir de colère. Les mois se succédant, Sara en eut de plus en plus marre de jouer l'ange gardien des finances. Néanmoins, au lieu de poser des limites saines à leur relation, Sara s'est encore plus attachée. Elle avait beau être furieuse, elle ne voulait pas perdre Joelle, et quelque chose d'étrange se produisit.

Au cours de leur première année de vie commune, les ventes d'œuvres de Sara se firent rares et elle ne fut plus rémunérée pour les séminaires qu'elle animait dans le monde entier. Elle finit un jour par comprendre les raisons de cette situation inédite. Son ressentiment envers Joelle et son entêtement à vouloir la garder à tout prix avaient endigué le *Flow* de l'abondance. Sara le bloquait pour éviter de soutenir sa partenaire !

En offrant finalement sa peinture, ses finances et sa relation amoureuse en retour au Divin, tout devint limpide pour Sara. Elle comprit qu'elle ne pouvait plus tenir Joelle à bout de bras et qu'elle avait besoin d'une partenaire indépendante. Elle offrit sa relation au Divin et lâcha prise. Quelques mois plus tard, après leur séparation, l'état de ses finances était revenu à la normale.

L'acte d'offrir de même que tout renoncement fait partie d'un processus sacré. Cela ne consiste pas à renvoyer tous ses problèmes à Dieu, en lui disant : « Hé, mec ! J'espère que tu sauras te débrouiller avec ça parce que, moi, je n'y arrive pas ! » Vous n'êtes pas non plus en train d'exiger : « Dans combien de temps ma commande va-t-elle m'être livrée ? » Au contraire, c'est un moment d'apaisement et de questionnement. *Que suis-je en train d'apprendre ici ? Comment puis-je être meilleur avec moi-même, maintenant ?* Vous prenez ce fardeau et dites : « Je ne peux plus être un ego qui tire ce poids comme un mulet. S'il Te plaît, montre-moi la voie ! »

Souvent, vous comprenez alors que le problème, qui était jusque-là votre ennemi juré, est en réalité la clé de votre liberté. Vous vous retrouvez dans le *présent*, convaincu qu'il y aura toujours suffisamment pour vous satisfaire. Vous n'êtes plus obsédé par la façon dont vous devriez agir, vous ne cherchez plus à savoir si la vie sera mieux après. Vous ne nourrissez ni regrets ni fantasmes. Vous êtes rivé au présent, vous acceptez l'instant présent, et vous vous ouvrez à l'Amour universel.

Ceci peut s'opérer n'importe quand, n'importe où au milieu de ce monde effréné, dans un embouteillage ou à la gym. Pas besoin d'une grotte au Népal. Peu importe où vous vous trouvez. Offrir vous ramène là où vous devez être : dans le giron de Dieu. Vous dites alors : *« Puisse ce fardeau qui m'a tant fait souffrir devenir la route jusqu'à Toi. » Et tel sera le cas.*

J'ai lu, un jour, l'interview d'un homme originaire de l'Équateur, connu pour être le plus grand autostoppeur du monde. Il avait beaucoup écrit sur les 2 000 voitures dans lesquelles il était monté, les quelque 160 000 km parcourus et les 90 pays traversés. En découvrant son parcours, j'ai été stupéfaite d'apprendre que son secret d'abondance était l'acceptation radicale. En effet, les jours où il restait planté sur le bord de la route, frustré et impatient, étaient ceux où l'attente était la plus longue. En revanche, quand il se sentait ouvert et dans l'acceptation (même les mauvais jours ou par temps de pluie), il trouvait très facilement une voiture, parfois fois même au bout de quelques minutes.

Il avait découvert que cette acceptation ne fonctionnait pas uniquement pour l'auto-stop, mais aussi pour les histoires d'amour. Longtemps, il s'était persuadé qu'il ne trouverait jamais une partenaire suffisamment aventureuse pour le suivre sur la route. Or, c'est en arrêtant de chercher et en acceptant sa solitude qu'il finit par la rencontrer. Depuis, ils continuent de parcourir le globe ensemble.

Offrande et argent

Depuis toujours, on nous apprend que tout ce qui touche aux finances appartient à l'ego. Le message est sans cesse le même : « C'est *mon* argent. Comment puis-je en avoir plus ? Pourquoi est-ce que je dépense de la sorte ? Pourquoi suis-je terrifié à l'idée d'en perdre à chaque instant ? »

Or, lorsque l'on remet tout au Divin, le focus change et devient : *« Très bien, Dieu ! Je te donne ce sentiment de perte qui m'anime. Libère-moi de ces contrariétés. Montre-moi le premier pas. Je suis prêt à découvrir la Source divine ! »*

Puisque vous êtes enfin ouvert, de nouvelles ressources commencent à arriver. Vous ne dites plus : « C'est *mon* malheur et je vais me punir pour toujours de l'avoir créé » ni « Je serai furieux toute ma vie envers la personne qui m'a mis dans cette situation. » Vous êtes prêt à vous libérer du passé, à vivre dans l'instant présent et à faire du Divin votre Source. Moins vous serez dans le blâme, le ressentiment et la honte, plus votre porte intérieure s'ouvrira. Vous commencerez à expérimenter l'harmonie et cesserez de courir après un mirage de sécurité.

Offrir peut s'appliquer à toute chose, grande ou petite. Mon amie Gayle se stressait à l'idée de partir faire une retraite de yoga au Costa Rica. C'était très cher et elle avait déjà beaucoup de dettes. Tous les jours, elle hésitait entre y aller et rester pour ne pas prendre de décision irraisonnée. Quelle parfaite opportunité pour offrir ! Au lieu de laisser son ego se débattre entre le *oui* et le *non*, elle pouvait offrir sa retraite à Dieu en lui disant : *« J'adorerais y aller, mais montre-moi Ta volonté ! Si je dois m'y rendre, fais que je le comprenne clairement. Sinon, aide-moi à être heureuse avec ou sans ce voyage. »*

Après avoir formulé cette offrande, Gayle a ressenti un immense soulagement. Elle venait d'entendre parler d'une journée de formation dans sa ville. Elle a alors compris qu'il valait mieux rester sur place le temps d'éponger en grande partie ses dettes. (J'ai d'ailleurs beaucoup aimé qu'elle ne considère pas que la Source divine consiste à jeter son argent par les fenêtres à n'importe quelle occasion en attendant que Dieu fournisse une nouvelle abondance. Cependant, comme nous le verrons plus tard, chaque cas est différent.)

Peut-être qu'en lisant ces lignes vous vous dites : « Ma pauvre, tu n'as pas idée à quel point mes problèmes sont beaucoup plus graves qu'une simple retraite de yoga. » Mais la vérité, c'est que l'offrande est un muscle, et qu'en vous entraînant lors de petites occasions, vous vous préparez à en affronter de plus importantes.

Prarabdha karma

Au cours de sa vie, l'un de mes auteurs spirituels favoris a été frappé par de multiples maladies. Un jour, quelqu'un m'a dit à son sujet : « Ce type est un véritable rayon de lumière. Lorsque l'on est dans la même pièce que lui, on se sent encouragé. Comment est-ce possible qu'il ait tous ces problèmes ?! »

L'un des mauvais côtés de la culture de la manifestation est cette croyance généralisée que nous pouvons attirer toutes les choses bénies. En effet, beaucoup de personnes pensent qu'en se perfectionnant, elles obtiendront une sorte de passe VIP pour un Disneyland® secret où rien de « mal » ne se produit jamais. Du coup, quand ces mêmes personnes, au cours de cette existence incarnée, rencontrent inévitablement des défis, elles se blâment ou jugent très durement les autres en partant du principe qu'ils ont *certainement dû faire quelque chose de mal.*

Certes, la loi de l'attraction est vraie, mais celle du *prarabdha karma* l'est tout autant. Par exemple, le sage hindou Ramakrishna a eu un cancer de la gorge. Quant à Jésus, il n'est pas vraiment mort en buvant des Margarita aux Bahamas. Ce qui compte est la façon dont nous assumons notre *prarabdha karma* unique et suivons l'évolution de notre âme. Lorsque nous embrassons notre *prarabdha karma*, nous ouvrons la voie royale vers la véritable abondance.

Le mystérieux chèque à un million de dollars

Saviez-vous que, bien avant d'être célèbre, l'acteur Jim Carrey s'était fait à lui-même un chèque de 10 millions de dollars de la Banque universelle « pour services d'acteur rendus » et s'était donné trois ans pour que ce chèque devienne réalité et soit payé par des réalisateurs ? Cette « mode » des chèques de la Banque divine s'est alors répandue tout autour de la planète. En constatant que l'argent n'arrivait pas rapidement par transport FedEx®, beaucoup ont pensé que leurs millions avaient été bloqués. Or, je dirais que c'est arrivé à Jim uniquement parce que tel était *son prarabdha karma*.

Ce livre repose sur le postulat de base unique que *tout le monde a une série de leçons d'abondance à tirer dans une durée de vie donnée*. Votre destinée n'est peut-être pas d'avoir 10 millions de dollars, et c'est sans doute la dernière chose dont votre âme ait besoin ! Dans cette vie, votre but est peut-être d'apprendre que vous aurez toujours en quantité suffisante et, de ce fait, de croire que plus vous vous ouvrirez à la Source divine, plus vous recevrez.

Certains problèmes sont tellement fondamentaux pour l'éveil de notre âme qu'il nous faut plusieurs vies successives pour les résoudre. Une personne qui accumule des richesses doit dénouer un certain karma. Ses actions prouveront soit qu'elle est généreuse, reconnaissante, bienveillante, ou tout le contraire. En fonction, cela créera un karma *différent* pour ses futures vies. La loi de l'attraction et celle du *prarabdha karma* sont mêlées. Plus vous parvenez à croire en cette Source, moins vous avez besoin d'une immense fortune pour vous sentir dans l'abondance. (Si la richesse se présente à vous, fantastique ! Puissiez-vous en faire un usage généreux et vertueux !) Cependant, quel que soit votre propre *prarabdha karma*, vous commencez alors à vous sentir prospère.

Ceci permet aussi de ressentir plus facilement l'acceptation et la compassion. L'un de mes professeurs avait pour habitude de dire : « Soyez reconnaissants pour le karma que vous n'avez pas. Le vôtre est riche ! »

Je suis toujours frappée de constater combien le fait de rester dans la Source divine est indépendant de la richesse. Certains de mes clients extrêmement riches pouvaient se trouver dans un état de torture mentale, tandis que ceux qui vivaient au jour le jour avaient tellement de foi qu'ils restaient sereins. Ils vivaient dans un état de grâce où tout ce dont ils avaient besoin arrivait à point nommé.

Maintenant, une dernière précision. Les huit semaines de ce périple auront pour conséquence de faire fructifier rapidement vos finances. Certains d'entre vous pourraient soudain avoir beaucoup plus d'argent – j'entends par là *vraiment beaucoup plus*. Pour d'autres, même si la quantité d'argent n'augmente pas immédiatement, c'est votre confiance qui évoluera énormément. Vous commencerez à ressentir au plus profond de votre être que, d'une manière ou d'une autre – et peut-être pour la première fois de votre vie – *chaque réel besoin sera satisfait*. Les bonnes solutions à chaque problème financier vont naturellement s'imposer... et si vous avez besoin de quelque chose, cela viendra à vous.

L'intention

L'intention est la pièce d'un puzzle souvent incomprise. En sanskrit, le superbe mot *sankalpa* évoque une détermination profonde à se concentrer sur un objectif spécifique. Vous pouvez le considérer comme un vœu solennel formé par le cœur et l'esprit. En un sens, cela signifie « Vous êtes ce sur quoi vous vous focalisez. »

En effet, le terme *sankalpa* est un outil précieux. *« J'offre, maintenant, ce voyage à l'Amour universel. Que tout ce qui doit s'ouvrir s'ouvre. Que tout ce qui est sur le point de partir parte. Je désire que le meilleur se produise. Puis-je être l'abondance ! »*

Ce type d'intentions dégage de l'espace pour la volonté du Divin. Elles diffèrent vraiment d'objectifs tels que « Je vais gagner un million de dollars d'ici à février » ou « Je vais rencontrer l'âme sœur dans trente jours. » Une fois que vous commencez à avoir confiance en cette Source, vous arrêtez de vouloir que vos moindres désirs se concrétisent. Vous êtes plus détendu car vous savez que, d'une manière ou d'une autre, vos besoins seront satisfaits. C'est un peu comme si vous vous délestiez d'une charge trop lourde.

Pour être plus claire, je ne nie pas le pouvoir de l'esprit. Par exemple, pour améliorer leurs performances, de nombreux athlètes utilisent avec succès la visualisation et les pensées positives. Si vous êtes d'une nature à vous plaindre à longueur de journée, la pensée positive sera évidemment d'une grande aide pour chasser le négatif. Nous l'utiliserons d'ailleurs à certaines étapes du processus d'abondance. Néanmoins, l'intention sans renonciation peut rapidement mener à l'illusion.

Prenez cette histoire tirée de l'une de mes émissions radio préférées, *The American Life*. Alors que le jeu de loterie *Mega Millions* atteignait des records, la troupe de *Riverdance* (célèbre spectacle de musique et de danse irlandaises) avait acheté un lot de billets. Un membre de la troupe, qui connaissait la visualisation, a assuré à ses partenaires que s'ils y croyaient fermement, ils gagneraient assurément. Tel était, après tout, le pouvoir de l'intention : rêvez-le et vous l'aurez ! Il leur suffisait de *ressentir* qu'ils avaient déjà gagné.

Les jours suivants, ils étaient de plus en plus excités et prévoyaient déjà comment dépenser leur argent. Ils avaient même créé un chant endiablé, *Loto, loto, loto !*, qu'ils entonnèrent lors de la dernière émission, juste avant le tirage. (Quelle expérience incroyable et stupéfiante que de m'être trouvée au beau milieu du public, ce jour-là !) Mais alors que tous s'étaient réunis pour le tirage et que le champagne était prêt, aucun chiffre n'est sorti comme prévu. Ils étaient anéantis. Leur intention avait pourtant été intense et pure.

La situation était toute simple à comprendre : ce n'était pas pour eux le moment de gagner. Ce n'était pas leur *prarabdha karma*.

Cela me fait toujours rire d'entendre dire que nous devons savoir ce que nous avons l'intention de créer, sans quoi Dieu pourrait être déconcerté. Comme si le *Suprême-pouvoir-qui-a-tout-créé* ne savait pas précisément ce qui est nécessaire.

Quand on me demande quelles sont mes intentions, je réponds souvent : « Oh, vous savez, je n'en ai qu'une : que Dieu prenne tout en charge et qu'Il indique sa volonté. »

Prière pour transformer l'argent

Dieu, ouvre-moi.
Je suis prêt(e).
Je ne veux plus jamais supporter le fardeau de l'argent !
J'en ai assez.
Ouvre-moi à tout ce que je suis censé(e) recevoir.
Aide-moi à me libérer de mes vieilles croyances qui entravent le chemin que Tu as tracé pour ma vie. Fais que je sache le bien que je peux faire en incarnant l'Abondance divine.

La plupart des livres et formations sur l'argent ont pour idée de base « Comment puis-je en avoir davantage ? Je veux *tout* et je le *mérite* ! » Or, il en est tout autrement.

C'est donc maintenant, dans l'instant, avant de nous lancer dans les cinq étapes quotidiennes, que vous pouvez enclencher le processus tout entier d'ouverture à l'abondance, avec cette prière directe.

Change-moi. Ouvre-moi.
Fais que je sois réceptif(ve) à l'inattendu.
Fais que je reçoive tout ce qui est prévu pour moi dans les prochaines semaines et au-delà.

Dis-moi que je mérite de recevoir.
Permets-moi de jouer avec ces nouvelles idées et de les considérer comme une aventure.
Laisse-moi ensuite embrasser tout ce qui arrive selon Ta volonté.
Je suis Tien(ne). Tu es mien. Nous sommes Un. Tout est bien.

À présent, abordons ces étapes !

SEMAINE 2

LES 5 ÉTAPES DIVINES

« Sois celui qui apporte la chance
lorsque tu entres dans une pièce. »
– Attribué à Hâfez

Veuillez entamer cette semaine par ces cinq étapes. Je vous demande de les suivre chaque jour au cours des semaines suivantes. Elles ne nécessitent pas beaucoup de temps et, bientôt, vous saurez trouver un moment pour elles.

Étape 1 : Récitez la prière de transformation pour la pleine abondance[1]

Cette invocation peut véritablement vous libérer du manque et de l'inquiétude et vous amener à la réceptivité. La réciter, même en étant de mauvaise humeur, offre des résultats surprenants.

Au fil des années, des milliers de personnes m'ont écrit pour me décrire le soulagement qu'elle leur avait apporté, parfois même instantanément. Et même si, au début, vous avez l'impression de la dire mécaniquement, ne vous inquiétez pas, car il faut un petit peu de temps pour qu'elle résonne vraiment en vous.

1. Voir cette prière p. 27.

Après une semaine ou deux, vous aurez sans doute la sensation d'entrer dans la prière et votre voix résonnera avec les mots. Vous la sentirez vibrer en vous, faire fondre la résistance et la peur. Laissez-moi vous rassurer, qui que vous soyez, cela *peut* arriver. Soyez aussi présent que possible en la récitant. Essayez de rester concentré sur la prière, même si aucun billet ne s'est mis à voler dans la pièce à la fin de l'invocation. Invitez le Divin à agir et à vous ouvrir au fait de donner et de recevoir aisément. (Étant donné que ceci n'est pas du développement personnel, inutile de vous épuiser à vouloir vous changer. Dieu fera ce que vous ne pouvez pas faire.)

J'ai mentionné auparavant que la prière de transformation m'avait permis d'être présente auprès de ma maman d'une façon miraculeuse et inattendue. L'Amour était venu à ma rescousse et m'avait rendu service. Ne sous-estimez pas ce qui pourrait vous arriver, à vous aussi.

Quelque chose à l'intérieur de moi était en train d'éclore.

« Je l'ai sauvegardée dans mon ordinateur jusqu'au début de la formation. En l'ouvrant chaque jour, j'avais l'impression de retrouver une amie qui m'attendait. Ce matin, en m'asseyant devant mon écran, j'étais contrariée par des factures à payer et j'ai de nouveau lu cette prière. Soudain, j'ai eu un éclair de lucidité. J'ai réalisé que je dépensais l'argent de Dieu pour satisfaire mes envies. J'ai grimpé à l'étage pour en parler à mon mari. Quelque chose à l'intérieur de moi était en train d'éclore, je ressentais un immense confort. Pour la première fois, j'ai ressenti non pas qu'il y avait suffisamment de tout, mais que l'abondance était un tout ! »

En laissant de côté le manque et le ressentiment pour entrer dans l'abondance, vous pouvez observer des changements soudains. Le *Flow* circule à l'intérieur de vous et vous pouvez toujours recevoir plus.

Étape 2 : Commencez par nettoyer votre maison

Accepter de recevoir suppose en grande partie de *faire de la place*, de la manière la plus concrète qui soit. C'est véritablement essentiel ! En particulier s'il y a beaucoup de désordre chez vous, vous devez créer un vide pour laisser la place à la nouveauté. Ce grand ménage est en réalité lié au terme *shaucha*, tiré des *yoga-sūtras*[1], qui signifie « pureté » ou « propreté ». S'il s'applique aussi à l'âme, pour l'instant, nous envisagerons ses répercussions sur votre environnement.

Pour entamer un processus de nettoyage, j'ai découvert que la manière la plus simple de procéder est d'offrir (en particulier si vous manifestez une résistance importante), comme en matière d'argent, comme pour tout. Inutile pour l'ego de paniquer : « Oh, mon Dieu, comment vais-je trouver le temps pour ce nettoyage ? Que dois-je jeter ? Comment vais-je pouvoir décider ? »

Au lieu de cela, dès le départ, offrez tous vos effets personnels au Divin, car après tout, tous nos biens viennent de Lui et Lui appartiennent. Lorsque nous mourons, qu'emportons-nous avec nous ? Par conséquent, vous pouvez dire : *« Seigneur, montre-moi ce dont je n'ai plus besoin. Montre-moi ce qui doit partir. »* Si vous priez avec sincérité, Il vous l'indiquera.

L'esprit pourra protester. *Comment le saurais-je ?* Eh bien, j'ai découvert, avec la pratique, que le corps et l'instinct nous guident. La merveilleuse Marie Kondo avait raison lorsqu'elle conseillait, dans son livre *la Magie du rangement*, de se libérer de tout ce qui ne procure pas de la joie. Cependant, ce conseil laisse certaines personnes perplexes. C'est pourquoi savoir offrir est d'une grande aide. Vous aurez peut-être envie de commencer par un endroit précis : un tiroir spécifique dans votre cuisine ou, pourquoi pas, par vos vêtements. *Faites-vous confiance* et, si vous le voulez, priez et demandez de l'aide à Dieu.

1. Recueil d'aphorismes (sūtras) constituant la base du système philosophique du yoga.

Si mon cadre de vie a toujours été plutôt rangé, mon ordinateur, lui, a toujours été un cauchemar. Un jour, j'ai décidé de l'offrir en priant : *« Je rencontre une telle résistance pour organiser les dossiers dans cet ordinateur ! Montre-moi enfin par où commencer, avant que j'en perde la tête ! »* Oui, telle était ma requête. Inutile de cacher vos sentiments à l'Amour universel car Il vous connaît parfaitement. J'imagine parfois le Divin en train de sourire à mes prières impétueuses et pleines de frustration. Dieu vous indiquera votre ligne de départ dans ce processus sacré.

Vous allez peut-être vous diriger vers une penderie qui se révèlera être la clé de votre prospérité. Peut-être que des lettres d'amour y ont été enfouies, dix ans auparavant, par vos soins. Des lettres écrites par une personne dont vous êtes toujours épris. Peut-être que vous allez finalement décider de vous en libérer en les lisant une dernière fois, en les brûlant, et trouver ainsi la porte qui mène à votre propre abondance.

J'ai déjà vu cela se produire. Votre maison peut, en effet, comporter des poches de pus qui ont besoin d'être vidées. Et lorsque vous demandez à Dieu de vous aider, Il le fait. Or, si vous rencontrez une résistance importante (certaines personnes ont peur de se libérer de quoi que ce soit), vous pouvez dire : *« Fais qu'un miracle se produise, pour que j'aie de la place pour la nouveauté ! »*

Certains d'entre vous auront besoin de commencer par quelque chose de plus petit que la maison, comme la voiture, un porte-monnaie ou un sac à main. Si vous êtes en déplacement, vous pouvez également réorganiser votre valise. Tout peut être un commencement symbolique et puissant. Comme disait le célèbre musicien, John Cage : « Commence, n'importe où »[1].

En vérité, une fois qu'ils ont commencé, nombreux sont ceux qui trouvent ce processus irrépressible et contagieux. D'ailleurs, vous pouvez rendre ce moment encore plus plaisant en mettant de la musique ou en vous faisant de petits cadeaux. Mais voici ce qui est le plus important : lorsque vous vous lancez dans ce nettoyage, sans vous reposer sur la force limitée de votre ego, alors

1. « Begin anywhere » dans la version originale.

quelque chose s'invite dans ce processus. Le Divin commence à agir *au travers de* vous et *pour* vous. Sa Sainteté, Elle-même, réaménage l'espace.

Étape 3 : Arrêtez de vous plaindre à propos de l'argent

Si vous avez tendance à vous lamenter ou à vous plaindre auprès des autres, *arrêtez* cela pendant les prochaines semaines. Quand vous commencez à dire des choses telles que « J'aimerais pouvoir acheter ça, mais je n'ai pas l'argent » ou « Ça me rend dingue de ne *jamais* pouvoir le posséder », essayez de vous en empêcher. Une amie s'est un jour braquée alors que je venais de lui donner ce conseil. Elle m'a dit : « Je ne vais pas me censurer. J'aime être authentique. » « Mais, ce n'est pas de l'autocensure, lui ai-je répondu en riant. Tu fais de la place pour une vie nouvelle et plus abondante. C'est encore plus dur si tu te nourris constamment de poison. »

Vous n'avez pas idée de l'impact sur la vie qu'ont des affirmations répétées telles que « Je suis toujours fauché » ou « Je suis à sec ». Par conséquent, pendant la durée de ce parcours, arrêtez d'utiliser ce vocabulaire du manque (même si vous le pensez). En faisant une pause, vous réaliserez peut-être qu'un marteau mental terriblement assourdissant s'arrête de frapper.

Je ne suis pas en train de vous inciter à nier la réalité. Il se peut qu'actuellement vous ne puissiez pas vous offrir certaines choses. Néanmoins, arrêtez juste d'insister sur le fait que vous ne pouvez pas. Et quand bien même vous seriez tenté de le faire, dites-vous alors : « Quel que soit ce dont j'ai besoin, je l'obtiendrai toujours. »

Prenons l'exemple d'une formation que vous aimeriez suivre. Avant, vous auriez sans doute dit : « Oh, je ne devrais pas, je ne peux pas me l'offrir. » Maintenant, remettez-vous-en au Divin pour trouver la meilleure issue possible. Vous pouvez dire : *« Toutes mes finances sont offertes à Dieu et, miraculeusement, tout ce dont j'ai besoin arrive. Le Divin est ma Source pour tout. »*

Encore une chose : au cours de ce processus, ne vérifiez pas le solde de votre compte en banque toutes les deux secondes (je vous en supplie). Ne vous demandez pas sans cesse « Ça marche ? Ça ne marche pas ? » Pour l'instant, contentez-vous d'offrir, d'offrir, d'offrir. Vous êtes en train de faire une invocation sérieuse à la Source. Concentrez-vous sur cela. Le reste est entre les mains de l'Amour universel. Même si vous n'avez pas la moindre idée de la façon dont cela va se produire, vous pouvez être sûr que le *Flow* va constamment vous apporter ce dont vous avez besoin. Lorsqu'il vous faudra le savoir, vous le saurez.

Un jour, un certain James a écrit sur ma page Facebook® qu'il était très content que j'aie posté tant de choses gratuitement, parce qu'il était non seulement fauché, mais également fier d'être radin. Je n'ai pas pu m'empêcher de lui répondre : « Cher James, je suis ravie que vous suiviez mes publications. Mais, en affirmant que vous êtes fauché et radin, vous continuez d'attirer, jour après jour, le manque et la restriction. Par conséquent, il n'y a vraiment pas de quoi vous targuer de ne pas avoir dépensé un sou ici. »

Cela me rappelle cette expression rigolote qu'avait ma maman quand j'étais petite : « Ne fais pas le shnorrer ! » En yiddish, ce mot désigne un parasite, quelqu'un qui prend, mais ne donne jamais. Les shnorrers vivent en dehors du cercle de l'abondance et pensent qu'en grappillant suffisamment, ils se sentiront en sécurité. Or, cela ne fonctionne jamais.

Il n'est pourtant pas difficile de devenir le canal du don. Ensuite, l'Amour universel peut vous apporter ce dont vous avez besoin et aussi vous permettre de donner. Vous entrez dans le *Flow* en donnant en retour. D'ailleurs, être « fauché » et être « radin » sont en réalité deux problèmes différents. « Fauché » peut se corriger en disant, par exemple, que vous rencontrez « des difficultés passagères sur le plan financier ». Il n'y a aucune honte à cela. Cela arrive aux meilleurs d'entre nous ! En revanche, « radin » est une autre histoire. Dire que l'on est radin équivaut à affirmer : « Je ne serai tout simplement pas un canal pour l'abondance. Je ne veux pas dépenser et je ne donnerai pas. »

Vous devez vouloir laisser Dieu vous utiliser pour donner. Vous devez vouloir faire partie du *Flow*, pas seulement sur le plan financier, mais par tous les moyens.

Étape 4 : Faites une déclaration de gratitude

Chaque jour, trouvez *une* chose dont vous êtes reconnaissant plutôt que de faire une fixation sur ce que vous aimeriez avoir. Je suis certaine que beaucoup d'entre vous ont déjà travaillé sur cette idée auparavant. C'est cependant encore plus puissant lorsqu'on le fait pendant les autres étapes.

La liste n'a pas besoin d'être longue. Vous n'avez pas à tenir pendant vingt heures un journal sur la gratitude, pas plus que vous n'avez à prétendre être heureux de quelque chose quand ce n'est pas le cas. Soyez réaliste. Juste *une chose* chaque jour, même si vous éprouvez de la gratitude pour votre café fumant ou pour vos vieilles pantoufles. Et chaque jour, cela pourra être différent. Laissez le sentiment se diffuser en vous. Cette pratique agit sur les neurotransmetteurs de votre cerveau. Les personnes qui disent merci deviennent plus actives et celles qui se plaignent régressent peu à peu.

Étape 5 : Dites « Il est facile pour moi de recevoir »

Et ce, tous les jours. Certains d'entre vous pensent peut-être : « Mince ! Recevoir est, pour moi, la chose la plus difficile au monde ! Je suis accablé par la culpabilité lorsque les gens me donnent quelque chose ou quand je dépense de l'argent pour moi. » Si telle est votre cas, alors essayez de dire : « Étonnamment, d'une manière ou d'une autre, grâce à l'intervention de l'Amour universel, il est soudain plus facile pour moi de recevoir. »

Essayez de vous défaire de votre résistance. Parlez à Dieu librement et laissez les mots sortir de votre bouche sans les contrôler.

Chaque jour, Dieu m'ouvre un peu plus au fait de recevoir.
Quel miracle que je sois enfin apte à recevoir !
Comment cela s'est-il produit ? Je suis enfin ouvert(e) !
Je suis prêt(e). Recevoir est un peu plus facile chaque jour.
Je ne fais plus qu'un avec cette vaste Source de tout.
Tout ce dont j'ai besoin arrive et je reçois avec gratitude.
Je suis tellement content(e) de recevoir.

Nous nous concentrons sur l'aisance, sur la réceptivité et sur l'ouverture, c'est-à-dire sur l'opposé du stress, du combat et de la jalousie. Nous avons presque tous été élevés dans cet incroyable paradigme culturel de la compétition à tout crin qui nous oppose les uns aux autres pour décrocher un tout petit bout d'abondance. Un concept fondé sur la pensée du manque total. Or, dès que vous revenez à la Source, ce que les autres possèdent importe peu. Personne ne peut réquisitionner ce que vous avez.

Ma patronne m'a spontanément donné la totalité de la somme.

« Aujourd'hui, au travail, ma patronne m'a demandé ce que je faisais. Je lui ai dit la vérité : "J'étudie comment faire pour emmener mon vieux père faire le safari de ses rêves." À mon plus grand étonnement, elle est allée dans son bureau et est revenue avec une enveloppe.

Elle m'a spontanément donné la totalité de la somme ! J'ai protesté : "Oh ! Non, je ne peux pas prendre ça !"

Mais elle a insisté. "Je veux vous le donner et vous pouvez le prendre. Mais vous devez l'utiliser uniquement pour le safari, et pour rien autre." Nous avons tous les deux ri et nous sommes pris dans les bras.

C'était tellement difficile d'accepter ! Le regretterai-je plus tard ? Était-ce un moyen de me soudoyer ? Ensuite, un ami a dit : "Ce

cadeau n'a rien à voir avec ce que tu devras faire après. C'est pour ce que tu as déjà fait."
C'est à ce moment-là que j'ai su dire seulement : "Merci". Je suis encore sous le choc.
J'ai ri et je me suis demandé si j'avais fait de l'espace pour cela en nettoyant ma maison comme un dingue. Je crois que oui ! »

Beaucoup se sentent mis au défi en s'ouvrant à la générosité et à la largesse de l'Esprit. C'est notamment le cas lorsque l'on vous offre quelque chose et, qu'intuitivement, vous vous demandez si ce cadeau vous lie. Vous pourriez alors prier : *« Si, pour quelque raison que ce soit, je n'étais pas supposé prendre ceci, s'il y a un piège, merci de me le signaler ! Envoie-moi un signe pour m'en empêcher. »* (Cette prière est d'ailleurs idéale dès que vous avez besoin d'une confirmation divine.)

Si rien ne vous arrête, c'est peut-être que Dieu utilise cette personne pour vous offrir quelque chose. Or, comme vous le savez, Il peut utiliser n'importe qui. Je sais bien que les vampires psychiques existent (ces gens qui vous donnent uniquement pour vous attirer dans leurs griffes). En priant, vous saurez les démasquer et vous déclinerez l'offre. Mais si l'offre vous semble « honnête » et non calculée, ce sera pour vous l'occasion de recevoir l'abondance de Dieu.

Le nettoyage – associé à toutes ces autres pratiques – peut en effet vous permettre d'ouvrir la voie ! Il vous suffit de graver dans votre cœur : *« Il est facile pour moi de recevoir. »*

Et vous allez changer !

Méditation pour commencer votre parcours

J'ai découvert que l'Amour universel communique réellement à travers l'intuition et particulièrement à travers le corps. Il se sent accueilli par la méditation et la prière.
Demandez à quelqu'un de lire ce texte de méditation pour vous à haute voix ou enregistrez-vous et diffusez-le en fond sonore, afin que vous puissiez pleinement vous concentrer.

Concentrez-vous sur votre respiration et sentez que vous vous enfoncez dans le sol. Votre corps est lourd et détendu.
Quelle que soit la manière dont vous les visualisez, imaginez vos propres finances, votre argent, même si vous avez le sentiment d'en avoir peu.
Pensez à un symbole qui représenterait votre situation financière.
Maintenant, imaginez que vous apportez ce symbole à l'Amour universel.
Ressentez que vous offrez maintenant ce fardeau au Divin et que vous lui dites : "Dieu, guide-moi.
Je suis prêt(e) à ce que Tu me montres la voie.
Je suis prêt(e) à être ouvert(e) à cela et je suis prêt(e) à recevoir ce qui T'appartient.
Je suis prêt(e) à lâcher les vieilles restrictions, les contraintes, les limites et les bagages.
Prends-moi en charge et commence à faire ce que mon propre ego ne pourra jamais faire.
Prends-moi en charge et commence à autoriser ce changement !
Encourage-moi et transforme-moi."

Imaginez-vous en train de confier le fardeau tout entier de vos finances à la force de l'Amour universel.
Vous pouvez alors visualiser un mot, entendre ou ressentir quelque chose. Sachez que toutes les tortures que vous avez pu endurer à cause de l'argent sont finalement offertes à Dieu. Quel soulagement !
Vous êtes enfin en train de les offrir et vous Lui demandez de vous montrer, dès aujourd'hui, les bonnes actions à mener. Ces bonnes actions vont vous être transmises, pas après pas, dans votre for intérieur et au bon moment.
Puis, lorsque vous vous sentez prêt(e), revenez lentement à l'instant présent. Prenez en notes tout ce que vous avez expérimenté. Même le message le plus insignifiant peut ensuite s'avérer important.

Vous pouvez être authentique

Si vous suivez fidèlement toutes les étapes, au cours des prochaines semaines, une certaine peur en vous va s'amenuiser (cette même peur que j'ai pu connaître, chaque jour, en grandissant). À la fin de ce processus, elle n'aura peut-être pas entièrement disparu, mais elle diminuera probablement plus rapidement que vous ne le pensez. La simple lecture de ce livre peut d'ailleurs contribuer à la réduire et vous avez peut-être ressenti un tout premier changement en lisant le titre du livre.

Je travaillais un jour dans un café à Oakland, quand le type assis à côté de moi a vu la maquette de la couverture du livre sur mon écran d'ordinateur. En jetant un œil au titre, il s'est exclamé : « Non, mais c'est une blague ? C'est *ça* qu'il me *faut* ! L'argent est mon plus gros fardeau. » Lorsque vous vous libérez de votre fardeau, vous posez à terre le poids le plus lourd au monde.

Une dernière chose. Vous n'avez pas besoin de mettre à tout prix un visage heureux sur tout ça. Plus loin dans ce livre, nous allons aborder les émotions telles que la colère, la honte, la tristesse et la peur. Autant de sentiments qui doivent être éprouvés. Et nous y arriverons. Nous allons travailler avec ces émotions, même s'il faut casser, écraser, voire brûler des affaires pour se libérer, car il s'avère parfois essentiel de ressentir... puis de laisser aller. Mais pour le moment, en particulier si vous éprouvez de la colère ou de la honte, laissez faire. Aujourd'hui est le jour où, une bonne fois pour toutes, vous commencez à tendre vos finances au Divin.

À ce stade, vous vous préparez à une seule chose : devenir un canal d'abondance. En continuant de pratiquer, vous constaterez une augmentation des synchronicités. Vous commencerez à être au bon endroit au bon moment pour donner et recevoir librement et pour aider les autres lorsque vous y êtes conduit. Tout peut commencer à arriver spontanément, sans vraiment avoir à y penser.

Vous entrerez dans une réalité vaste et emplie de grâce dans laquelle vous vous rappelez être un Être illimité, guidé par l'Amour universel et un vecteur pour la Source divine. Et ce, qui que vous soyez.

SEMAINE 3

APPROFONDISSEMENT

« Vous ne pouvez pas arroser les roses,
si vous marchez sur le tuyau d'arrosage. »
– Jill Wolk

Maintenant que vous arrivez au terme de la deuxième semaine, comment vous sentez-vous ? Avez-vous perçu un changement ou des bienfaits ? Un objet perdu retrouvé ? Un remboursement soudain ? Ou un sentiment palpable de soulagement ? Peut-être avez-vous de vieux sentiments qui refont surface et vous rendent triste ou nostalgique ? Tout cela peut se produire. Quelle que soit votre situation, laissez aller et continuez. D'autres révélations vous attendent !

Au cours de la troisième semaine, nous allons approfondir les cinq étapes et, croyez-moi, c'est l'une des parties les plus savoureuses de ce programme. En effet, si, au début, vous devrez vous concentrer pour utiliser les outils, à force de pratique ce sont *eux* qui commenceront à *vous* utiliser. Ils mènent leur propre vie.

Parfois, je pense que devenir l'abondance revient à déboucher le tuyau par lequel le Divin s'écoule. Et sur un sujet tel que l'argent, il est très facile de s'embrouiller. Or, Dieu sait exactement comment ouvrir votre esprit. Pour devenir un canal d'abondance, il est nécessaire de libérer de nombreuses choses. Des sentiments tels que la honte, le ressentiment, la colère ou la peur peuvent être autant de blocages, tout comme les liens tissés avec des personnes qui n'apportent que le doute et la négativité. Nous allons aborder tous ces sujets. Si vous suivez consciencieusement ce processus, le tuyau va s'ouvrir et l'eau qui stagnait jusque-là va s'écouler, avec abandon. Et c'est là que l'on commence à s'amuser.

Engagez-vous pleinement

Lorsque je donnais cette formation, nombreux ont été ceux qui se sont lancés dans le processus comme on plonge dans une rivière un jour de grande chaleur. D'autres sont restés des observateurs plus passifs, ce qui ne pose pas de problème. Cependant, ce programme mérite vraiment d'être vécu activement ; moins de choses se sont produites pour ceux qui sont restés sur le bord de la rivière à se faire bronzer. Lorsque l'on veut un changement profond et durable, il faut en effet plonger dans le programme et se saisir des outils.

Je vous encourage donc à vous engager pleinement et à vous laisser porter par les étapes. Certains d'entre vous auront peut-être besoin de lire ce livre d'une traite, puis de revenir au début pour entamer les actions, ce qui est tout à fait possible. Toutefois, à bien y réfléchir, si vous avez été attiré par ce livre, c'est que l'argent vous a probablement apporté sa part de peine et de souffrance. Sans doute avez-vous toujours rêvé de trouver une solution nouvelle à ce vieux fardeau. Alors, qu'avez-vous à perdre ?

L'abondance de la vieille âme

Au cours des semaines que nous allons passer ensemble, soyez ouvert au fait d'inviter un plan divin. Un plan que l'Amour universel aurait expressément choisi pour vous. Laissez tomber, pour l'instant, toutes les autres lectures *New Age* qui prônent d'obtenir plus, d'avoir plus ou d'être plus. Pour l'instant, laissez tomber tout ça.

Si vous avez essayé à maintes reprises d'avoir plus d'argent et découvert que cela ne fonctionnait pas, je veux que vous sachiez que ce n'est en aucun cas un « échec ». Il se peut que vous soyez *une vieille âme*. Si tel est le cas, la quête de l'abondance peut être infructueuse et épuisante, puisque vous êtes né pour vous aligner sur la volonté du Divin, pour suivre le Tao et pour servir quelque chose de bien plus grand que l'ego.

En passant de l'état de besoin et de cupidité à celui d'offrande et d'ouverture, l'abondance commence à venir *à travers* vous, car vous avez été creusé pour recevoir. La ressemblance entre les termes anglais *hollow* (creuser, vider) et *hallow* (sanctifier) m'a d'ailleurs toujours frappée. Peut-être qu'en faisant le vide et en nous ouvrant, nous rendons notre corps sacré.

En outre, si vous êtes une vieille âme, vous ne gagnez rien à penser « Waouh, je suis super puissant et je peux manifester ce que je veux ! » Dieu pourrait vous répondre : « Non mais tu plaisantes ? Tu es, en réalité, ici pour apprendre à t'ouvrir et à arrêter de bloquer le *Flow*. » En fait, le Divin peut même *empêcher* votre ego de manifester quoi que ce soit ! Cela a été le cas pour moi.

Et même si une palanquée de coachs s'alignait d'ici jusqu'à l'Ouzbékistan et soutenait que vous avez besoin de plus de séances, ce serait faux. Beaucoup de vieilles âmes ne sont ni faibles ni mauvaises et elles ne bloquent rien du tout. Dieu lui-même pourrait vous débarrasser de la peur et des attaches et vous préparer à recevoir son plan lumineux.

Le lâcher-prise constitue une part importante de ce processus de vide qu'utilise le Divin. Lorsque les poings serrés et les mains crochues s'ouvrent et se détendent, ils laissent place à des paumes ouvertes, prêtes à recevoir plus que vous ne l'avez jamais imaginé. En d'autres termes, tandis que vous passez votre temps à penser que l'on vous néglige, Dieu travaille sans relâche – et sans doute depuis plusieurs vies – à son Projet sacré : votre liberté.

Maintenant, comprenez-moi bien. Cette route d'abondance n'est pas une sinécure. Apprendre à abandonner est parfois tellement intense que vous avez l'impression de mourir. L'ego apprend l'une des choses les plus difficiles : comment arrêter de vouloir contrôler tout l'univers.

Pourtant, peu à peu, vous y parvenez. Quand le plan divin commence à jaillir comme une oasis verdoyante en plein désert, vous pouvez alors penser « Je n'aurais jamais imaginé cela, pourtant, ce semble être une bonne chose. C'est comme si tout m'avait préparé à... l'instant présent. »

Tandis que tout se dénoue, vous ne vous contraignez plus à suivre les vieilles habitudes, vous ne vous blâmez plus. Vous devenez de plus en plus « spacieux », présent et ouvert. Vous commencez à bouger avec le *Flow*. En fait, « l'échec à la manifestation » a peut-être été jusqu'ici le plan divin, telle une route parfaite pour vous pousser tout droit dans les bras tendus de l'Amour universel.

Les désirs deviennent des préférences

Comment cela se produit-il ? Si certains désirs meurent au cours de ce processus d'offrande, ce n'est pas le cas de tous. D'ailleurs, ne vous blâmez pas d'avoir des désirs. Ils sont intrinsèques à l'être humain ! En outre, ils ne sont pas un problème (et ne l'ont jamais été). Le problème, c'est l'*attachement*. Grâce au travail que nous entreprenons ensemble, nous allons les empêcher de vous retenir prisonnier.

Vous pouvez dire : *« Cher Dieu, je Te rends ce désir ardent. Ouvre-moi à Ta volonté, libère-moi de mes obsessions et de mes attachements. Surprends-moi et enchante-moi avec Ton plan. Tu sais ce dont j'ai besoin et je suis ouvert(e) pour recevoir ! »* Tôt ou tard, un sublime désir va prévaloir : celui de suivre à tout prix le Tao et le *Flow* divin.

Étape 1 : Revenir sur la prière de l'abondance

J'ignore quelle force m'a dicté cette prière, mais je sais de tout mon être (et jusqu'à la pointe de mes orteils vernis de mauve) qu'elle fonctionne.

Si vous ne vous êtes pas encore enregistré en train de la réciter, n'attendez plus pour le faire. Je sais, vous allez me dire que vous *détestez votre voix !* Essayez quand même. Pourquoi ne pas imaginer que Dieu parle à travers vous ?

Le fait de *vous* entendre peut dissiper l'illusion que la prospérité est une quête *extérieure* à vous. Vous pouvez la lire avec intensité et concentration, comme si vous étiez un réceptacle sacré pour cette prière.

Laissez-la pénétrer votre Être, vous libérer de vos vieilles idées de constriction ou de limitation et vous aider à revenir à votre véritable essence : celle d'une grande lumière éclatante. Sans doute parce qu'elle va à l'encontre de mes idées d'enfant solitaire et difficile, cette prière peut encore me faire pleurer, et je suis ravie quand les gens me disent que leurs enfants la connaissent déjà.

Étape 2 : Nettoyer votre espace

La construction de votre espace intérieur est primordiale pour accueillir l'abondance. Vous donnez la permission à l'Amour universel de vous changer et de vous préparer par tous moyens. En étant réceptif et accueillant, vous montrez à votre cerveau et à votre corps comment devenir un canal d'abondance.

À présent, vous devez aussi vous concentrer sur le nettoyage de votre espace physique. Cette étape pourrait être surnommée : « Hé, ça non plus, ça ne t'appartient pas. » D'apparence banale, le nettoyage devient véritablement un acte sacré. Peu importe le désordre qui se trouve actuellement dans votre maison, vous allez désormais bâtir, jour après jour, un temple pour l'Amour universel. En vous libérant de tout ce que vous n'utilisez plus ou que vous n'aimez plus, vous faites de la place pour la résidence du Divin.

Inutile de stresser pour savoir ce que vous devez garder ou jeter. Essayez plutôt ceci : ouvrez les mains, paumes vers le ciel, puis ressentez que vous tendez un énorme fardeau à Dieu. Vous pouvez dire : « Je n'ai pas encore besoin de réponses à tous les problèmes d'argent. Je suis sur le chemin. Pour l'instant, j'ai juste besoin que l'on me montre ce dont je dois me *libérer.* »

L'ego pourra penser que la tâche est insurmontable, avec tout ce bazar accumulé depuis quatorze ans, et ne pas savoir par quel bout commencer. Or, ce n'est pas comme cela qu'il faut aborder la question. La solution est d'*offrir tous vos biens au Divin.* Pensez à tout ce que vous possédez, puis dites Lui : *« Tout ceci est à Toi, donc, s'il Te plaît, montre-moi. »*

Le spanda[1] ou le bond intérieur

Votre intuition est désireuse de vous aider à faire ce nettoyage. En réalisant vos actions, elle s'aiguise et vous commencez à ressentir des besoins précis, tels que : « Oh, ces clubs de golf qui remplissent le placard depuis dix ans peuvent partir chez Emmaüs®. Je serais content qu'ils puissent enfin trouver quelqu'un qui les utilise. »

Ce n'est alors pas nécessairement une voix intérieure qui vous parle mais, en étant ouvert et sans douter de vous, vous *saurez.* Vous hésiterez peut-être au début, mais vous gagnerez ensuite en confiance. *Vous allez commencer à avoir confiance en vous.*

Souvent, l'intuition se manifeste par un élan spontané dans le corps dont j'ai précédemment parlé. C'est le *spanda* ou le bond intérieur. L'élan pur du *shakti* (l'énergie sacrée qui coule dans nos veines). Cette énergie est suprêmement sage, libre et indifférente aux injonctions qui obsèdent la plupart des esprits. En étant attiré d'un endroit à un autre pour nettoyer votre espace, vous suivez la remorqueuse *spanda.* Qui sait ? Ce sera peut-être votre armoire à pharmacie qui vous attirera en premier, puis votre cuisine. Vous verrez !

L'embarrassant tapis persan

De nombreuses personnes ont du mal à se libérer des choses qu'elles n'aiment plus ou qu'elles n'utilisent plus sous prétexte qu'elles ont l'impression de perdre de l'argent. Cependant, devenir un canal d'abondance demande d'abandonner ce dont vous n'avez plus besoin afin que quelqu'un d'autre puisse en profiter. Au moment où vous vous ouvrez à la Source divine, l'idée même de gaspillage commence à se modifier.

1. En sanskrit, *spanda* signifie pulsation, vibration.

Vous avez probablement déjà entendu dire que la nature a horreur du vide. En jetant ce qui est inutile, vous faites tout simplement de l'espace pour ce qui veut venir à la place. Dans mon livre *S'offrir le bonheur d'exister : laissez le divin ouvrir la voie*, j'ai relaté l'histoire d'une femme qui avait un magnifique tapis persan dans sa chambre à coucher. Même s'il était luxueux et coûteux, elle le détestait, car elle en avait hérité lors de son divorce. En fait, à chaque fois qu'elle le voyait, elle ressassait sa haine pour son ex, et comme le tapis était juste à côté de son lit, il lui était difficile de l'éviter.

Lorsqu'elle comprit ce qu'était la Source, elle décida de vendre le satané objet. Elle avait hâte de s'en libérer et espérait sincèrement qu'il puisse faire plaisir à quelqu'un d'autre. En le vendant, elle a empoché une vraie petite fortune et a utilisé cet argent pour passer un mois sur une île hawaïenne. Là, pour la première fois depuis des années, elle a commencé à se dire qu'elle avait vraiment droit au bonheur.

Elle m'a dit plus tard qu'elle était convaincue que la volonté de se libérer du « tapis de la rancœur » avait permis de changer d'autres domaines de sa vie.

Avancez à petits pas

Donnez-vous la permission de vous libérer de tout ce dont vous n'avez pas besoin, y compris de ces vêtements que vous n'avez pas portés depuis 1992. C'est simple. En vous libérant de toutes ces vieilleries, vous vous allégez d'un tas de souvenirs sans intérêt. En effet, une seule heure de désencombrement permet d'ouvrir le *Flow*.

Il vous suffit de commencer. Il n'y a peut-être qu'un seul tiroir qui vous attire, mais allez le ranger et votre chemin va se dérouler comme un fil d'or et vous avancerez instinctivement d'un endroit à un autre. En rangeant, beaucoup se sentent tellement libérés qu'ils n'arrivent plus à s'arrêter.

« Oh, Seigneur, libère-moi de tout ce bazar pour qu'une nouvelle vie commence ! »

David, un écrivain, appréhendait de faire le tri dans son immense collection de livres. Pourtant il savait que c'était nécessaire. Une fois lancé, il a commencé à ranger par petites tranches. Il a lancé un minuteur pour une heure et a écrit une prière de libération.

Il a entamé le tri de neuf cartons entassés dans sa chambre. La pile était tellement haute qu'elle bloquait la vue de la fenêtre depuis des années. Il en a jetés plus de la moitié et, très symboliquement, il a enfin pu profiter de la vue !

Si vous sentez de la résistance, faites comme lui : prenez un chronomètre et lancez-vous. Vous pouvez dire : « Pour cette heure, prends-moi en charge. Fais que je sois prêt(e) et montre-moi ce que je dois faire ! » Parfois, quand je manque cruellement de motivation, il m'arrive de dire : « Allez, Dieu, botte-moi les fesses ! », et je trouve que cela fonctionne !

Demandez de l'aide

J'ai souvent prié : *« Seigneur, si tu veux que je réalise cette tâche vraisemblablement impossible, alors transforme-moi en quelqu'un qui en soit capable… ou sinon apporte-moi l'aide nécessaire ! »*

Certaines personnes ont besoin de faire appel à quelqu'un pour nettoyer et, franchement, il n'y a pas de mal à cela. D'autres ont un ami sur qui compter pour entrer dans leur dressing et lancer : « Franchement, ces culottes sont à bannir pour toujours ! » En réalité, vous n'avez pas besoin de savoir qui vous assistera, car le Divin le fera. Si vous avez besoin d'aide, vous en aurez et on vous indiquera quelles sont les bonnes actions. Faites l'offrande et restez ouvert.

Vous pouvez aussi invoquer la loi de la Divine Sélection. Florence Scovel Shinn écrivait à son sujet que l'aide juste est déjà choisie et que l'on est guidé vers elle sans peine et avec gratitude. Une fois que vous aurez pris l'habitude d'invoquer cette loi, vous serez convaincu que la bonne route est déjà toute tracée, et vous boirez alors au calice sacré de l'*aparigraha* (le détachement, en sanskrit).

Je l'utilise depuis longtemps pour trouver des comptables, des dentistes, des professeurs de yoga, des emplois, des appartements et même les adorables chats que j'ai eus dans ma vie. Cela fonctionne réellement pour toute chose, en particulier lorsque vous êtes entouré de personnes négatives qui ne cessent de répéter que vous ne trouverez jamais ce dont vous avez besoin. Or, la « parfaite » solution est déjà trouvée et vous serez guidé jusqu'à elle par le bon chemin et au bon moment. Souvenez-vous-en lorsque vous hésiterez.

Quand Lorna s'est fait voler son ordinateur alors qu'elle n'avait pas d'argent pour en racheter un, elle a commencé à prier : *« D'accord, Seigneur : c'est à Toi ! Si cet ordinateur était supposé disparaître, fais que je l'accepte. Sinon, la solution parfaite ayant déjà été choisie, je serai guidée. »*

Le lendemain, quelqu'un à son travail lui a dit : « Tu sais, il y a cet autre ordinateur portable qui prend la poussière dans mon placard. Est-ce qu'il t'intéresse ? » En vingt-quatre heures, le problème avait été résolu.

Si vous ne vivez pas seul

Pashma se demandait, pendant la formation, comment nettoyer et ranger un espace dans lequel vivent plusieurs personnes. Elle était ravie d'avoir fait le tri dans trente ans de dossiers et de s'être délestée des vêtements et chaussures qu'elle ne portait plus. Elle avait immédiatement ressenti de l'espace. Cependant, le désordre de son mari demeurait. Quel défi !

Si vous êtes confronté à un tel dilemme, l'Amour universel peut ouvrir une voie là où vous ne vous y attendez pas. Vous êtes dans le même bateau, donc contentez-vous de vous concentrer pour l'instant sur vos propres affaires. Ne faites pas la morale à ceux qui vous entourent et ne les harcelez pas. Faites votre part, et continuez d'offrir le reste du désordre à l'Amour universel.

Très souvent, les gens vivant sous votre toit vont se mettre, eux aussi, à ranger. Glenda était mariée à une femme qui gardait et entassait tout. Pendant quelques semaines, elle s'est occupée de faire son rangement de son côté. Puis, un jour, d'un coup d'un seul, sa compagne, Jade, a loué un camion, a vidé leur garage bondé et a tout emporté chez Emmaüs®. Problème résolu.

Glenda a compris que Jade avait été psychiquement ébranlée par tout son nettoyage. Elle avait créé un champ de force auquel sa femme n'avait pas pu résister. Cependant, elle n'a jamais obligé Jade à ranger et tout s'est déroulé naturellement.

Si besoin, il y a une toujours une prière pratique telle que : « *Seigneur, étant donné que j'ai le karma insensé de vivre avec cette personne, s'il Te plaît, prends-la en charge. Laisse-moi faire ma part et je Te laisse le reste pour que Tu fasses un miracle !* »

Purification psychique

Une fois que la maison sera débarrassée du désordre et nettoyée, vous aurez peut-être envie de faire brûler de l'encens ou des herbes afin de purifier l'énergie. J'aime ouvrir les fenêtres, puis commencer à assainir l'air en faisant brûler de la sauge ou du camphre ou encore un mélange d'encens et de myrrhe. Dans un second temps, je fais parfois brûler du *palo santo* (un bois parfumé du Pérou qui se trouve facilement). Pour purifier encore plus la maison, vous pouvez aussi pulvériser de l'eau de rose sur le pas de la porte et parsemer le rebord des fenêtres de sel de mer. Enfin, écoutez votre instinct.

Nettoyez votre maison, libérez votre psyché

Un dernier point à propos du nettoyage de votre espace. Ce travail peut faire remonter à la surface des peurs et des souvenirs d'enfance enterrés. C'est en partie l'objectif. Vous pourrez vous retrouver en train de pleurer ou de vous remémorer de lointains événements.

En lâchant prise avec le désordre perceptible de votre maison, vous pouvez libérer des énergies bloquées dans votre corps et votre psyché. Tout est lié. C'est la raison pour laquelle faire du vide est tellement grisant. Certaines personnes se sont littéralement enterrées dans le désordre, afin de ne rien ressentir. Néanmoins, les choses sont censées remonter émotionnellement à la surface au cours de ce processus. Laissez faire.

Étape 3 : Emplissez votre esprit de positif

Avec un peu de chance, vous avez désormais arrêté de dire des choses telles que « Ceci ne changera jamais », « Je n'aurai jamais assez », « Je suis toujours fauché » ou, illusion la plus répandue, « Pourquoi tout le monde a-t-il toujours ce qu'il veut et pas moi ? »

Pour les prochaines semaines, empêchez votre esprit de se plaindre du manque. Arrêtez dès à présent. Et si vous vous surprenez à retomber dans ces vieilles habitudes mentales totalement vaines, ne vous inquiétez pas. Et même si vous pensez que la « bonne vieille saga continue », sachez que ce phénomène est courant.

Au lieu de penser cela, dites-vous : « Par miracle, tout ce dont j'ai besoin finit toujours par arriver. Au-delà de mes espérances, Dieu m'ouvre au fait de recevoir. »

L'accident de voiture

Lorsque j'ai commencé à donner cette formation, ma voiture a été méchamment emboutie à un feu rouge et le chauffard a pris la fuite. Ma Prius® n'était plus qu'une épave mais, moi, j'allais bien. J'étais malgré tout très secouée, et mon premier réflexe fut d'essayer de comprendre comment j'avais pu attirer un si « terrible » sort. Au lieu de cela, alors que j'étais encore assise dans la voiture accidentée, j'ai offert toute cette affaire à Dieu.

Lorsque j'ai appelé la compagnie d'assurance, Gary, l'agent, m'a demandé si je voulais rester avec l'épave ou rentrer chez moi, mais je n'arrivais pas à penser clairement. En plaisantant à moitié, je lui ai répondu que j'allais consulter mon jeu de tarot qui était dans la boîte à gants. Imaginez ma surprise en entendant Gary s'exclamer : « Oh mon Dieu… Le tarot ! Moi aussi, je lis les cartes ! Quel jeu avez-vous ? Celui de Crowley ? Et avez-vous la Roue de la Fortune ? Bon, alors, mon chou, nous savons *tous les deux* que cela va *bien se passer* pour vous. » J'avais l'impression d'halluciner. Comment imaginer que la compagnie Allstate® avait un agent cartomancien ?

Cela ne s'invente pas ! Alors que Gary et moi étions en train de parler, j'ai senti mon souffle se réguler, mon corps s'est détendu, puis j'ai lâché prise.

Steve, mon expert, a lui aussi été un ange. Il m'a obtenu en quatre jours un chèque d'indemnisation qui couvrait quasiment en totalité l'achat d'une nouvelle voiture. Il m'a ensuite dit : « Vous savez, je fais ce travail depuis toujours et j'ai sincèrement *tout vu*. Je suis sûr que vous avez été réglée en un temps record parce que vous n'avez pas été furieuse contre l'ivrogne qui a embouti votre voiture. Certaines personnes sont tellement paralysées de colère qu'elles bloquent les étapes suivantes. Or, vous, vous avez eu une nouvelle voiture en une semaine. »

Il avait raison. Mieux encore, la semaine avant l'accident, j'avais été harcelée par une compagnie qui voulait me vendre une extension de garantie coûteuse qui prenait effet à partir du 120 000e km. J'ai répondu « non » sans même réfléchir. Avant qu'ils n'embarquent la voiture, j'ai regardé le compteur kilométrique : il affichait 119 999 km.

Dieu vous poursuit

Vous pensez peut-être que ce que vous poursuivez depuis toujours vous poursuit. Une agricultrice qui suivait le cours a eu une expérience incroyable.

Pendant des mois, elle avait essayé de vendre les dindes de son domaine. En vain. Une véritable prise de tête. Un jour, quelqu'un l'a appelée, car il voulait toutes les acheter. Ironie du sort, cela s'est produit juste après qu'elle ait débarrassé sa maison d'un bazar accumulé depuis des années. « Fantastique, se dit-elle. Mais, maintenant, quel cauchemar ! Il faut que je les attrape ! » Elle a décidé de s'en remettre à Dieu. Pourquoi ne serait-Il pas doué avec les dindes comme Il l'est pour tout ? Lorsqu'elle mit les pieds dehors, pour la toute première fois, les dindes se mirent à la poursuivre. Tout en éclatant de rire, elle les regroupa rapidement.

C'est donc ainsi que cela fonctionne ! Lorsque vous remettez tout au Divin avec détachement, les choses commencent à se passer à l'opposé de ce que vous aviez pu imaginer. C'est en effet l'une des plus merveilleuses surprises de ce parcours. En suivant scrupuleusement ces étapes, vous nouez une relation amoureuse avec l'Esprit. Ce n'est plus une transaction commerciale ni une liste de souhaits, mais une véritable histoire d'amour.

Là, vous pensez peut-être : « Attends une minute, je croyais que je lisais ce livre pour remettre de l'ordre dans mes finances. Pourquoi parler d'amour ? » Puisque tout va bouger et changer pour vous, pourquoi ne pas y ajouter un peu d'amour ?

Invitez le Divin à vous poursuivre.

Sérieusement.

Dites juste : *« Dieu, je suis enfin prêt(e). Poursuis-moi. »*

C'est tout.

Étape 4 : La gratitude vous sauve

En Inde, la gratitude est considérée comme étant le meilleur moyen pour satisfaire Lakshmi, la bienfaisante déesse de la beauté et de la prospérité dotée de multiples bras. Ils disent que si vous êtes reconnaissant de ce que vous avez déjà, elle ne peut s'empêcher de vous offrir davantage. Même si la plupart des gens la supplient pour obtenir des faveurs, il est beaucoup plus puissant de se contenter de la remercier pour le bien actuel, si petit soit-il.

Il y a vingt ans, j'étais dans un temple près de Bombay où j'ai passé des heures à prier ardemment devant sa statue. Alors que j'étais en train de terminer, un homme s'approcha de moi et me dit : « Excusez-moi, madame. Puis-je vous poser une question ? Qui pensez-vous avoir prié ? Savez-vous qu'elle et vous ne faites qu'un ? » Waouh ! Ses mots m'ont secouée. J'ai ri et j'ai admis que je l'avais complètement oublié. Je me suis alors souvenue que le Divin intérieur est la partie de nous la plus élevée et la plus sage. La Lakshmi qui est en nous est déjà l'Abondance.

Vous pouvez donc la prier :

Emplis-moi de gratitude pour tout ce que Tu me donnes ! Où que j'aille, fais que je sois un vecteur pour Toi. Puissé-je être reconnaissant(e) de tous les bienfaits et conscient(e) que Ton abondance fait partie de moi. Ouvre-moi à ma propre Divinité intérieure et réveille-moi de ce sommeil éveillé dans lequel je ne suis "qu'un" être humain.

Une autre manière d'apprécier Lakshmi est de traiter votre argent avec respect (que vous en ayez peu ou beaucoup). Elle adore l'ordre et la propreté. Par conséquent, le nettoyage physique que vous entreprenez dans votre espace va dans son sens. En son honneur, vous pouvez donc nettoyer votre portefeuille, jeter les papiers inutiles et les talons de chèques ou organiser vos reçus de carte bancaire par catégories. Pour ceux qui trouveraient cela extrême, dites-vous que vous construisez un petit temple portatif pour l'argent.

En outre, on peut montrer sa reconnaissance en dépensant avec conscience. Vous pouvez respecter ce que vous avez, même si c'est actuellement limité. Offrir ses finances ne veut absolument pas dire claquer tout son argent en disant : « Oh, Dieu est tellement infini qu'il nous en redonnera toujours. » Lakshmi ordonne que vous vous honoriez comme le *shakti* de l'argent. Si vous êtes à l'écoute, votre propre intuition vous indiquera où et quand ne pas dépenser.

Enfin, vous pouvez la bénir en payant vos factures et dire (au lieu de maudire toute la pile) : « Merci, mon Dieu, j'ai l'argent pour les payer ! » Et dans le cas où vous n'auriez pas l'argent, dites : « Merci, car je vais bientôt être en mesure de les payer ! »

Étape 5 : Il est facile de recevoir

Au cours des prochaines semaines, répétez sans cesse ce chant mélodieux dans votre tête :

« Il est facile pour moi de recevoir.
Il est facile pour moi de recevoir.
Il est facile pour moi de recevoir. »

Le fait de réciter ces mots, en particulier pour les femmes, peut être la mesure financière la plus révolutionnaire de leur vie. Elles sont nombreuses (avec quelques hommes sensibles) a avoir été élevées pour donner en permanence tout en se sentant indignes de recevoir. Une rage intérieure brûle à l'intérieur d'elles : « Je donne, je donne, mais quand va enfin venir mon tour ? » Curieusement, ce ressentiment bloque l'abondance de toutes sortes – pas seulement l'argent. Dire « *Il est facile pour moi de recevoir* » peut secouer tout votre monde de façon étonnante.

Alors que Danica s'ouvrait à ce processus, elle rêva une nuit qu'elle suffoquait et qu'elle était incapable d'inspirer. Elle se réveilla prise de panique et prit conscience qu'elle avait donné sans jamais recevoir durant toute sa vie. Son âme hurlait : « Tu dois inspirer ! Tu as le droit de respirer et de prendre ta place. Tu le mérites. »

Cette affirmation peut déloger une vieille colère, un ressentiment ou de l'amertume. Certains de ces schémas de pensée nous ont été transmis par nos ancêtres, depuis plusieurs générations. Or, chaque fois que vous affirmez que vous pouvez recevoir, vous vous éloignez de cet héritage de douleur et avancez vers l'ouverture rayonnante.

Une *pupusa*[1] pour dîner

« En marchant, un soir, en direction de l'épicerie, je chantais dans ma tête : "*Je suis ouverte à la réception, je suis ouverte à la réception*". C'est alors que je me suis arrêtée devant l'échoppe à *pupusa* et je me suis demandé si je pouvais m'en acheter une ou si je devais garder mes sous pour l'épicerie. Soudain, j'ai vu ce sans-abri à qui j'avais donné de l'argent des années auparavant.

Il me dit en souriant : "Hé, je vous reconnais, vous ! Je vous dois 10 dollars."

J'étais choquée. J'ai alors protesté : "Non, non, Jim, c'est bon."

Il a cependant sorti son portefeuille et insisté : "Si, je dois vous payer à manger !"

Étant donné que j'avais répété toute la journée que j'étais prête à recevoir, comment pouvais-je dire non ? »

1. La pupusa est une spécialité salvadorienne de crêpes de farine de maïs farcies.

En effet, une fois que vous avez affirmé être prêt à recevoir, vous ne pouvez décider ni de qui ni comment. En outre, Jim avait peut-être besoin de lui donner cet argent autant qu'elle avait besoin de le recevoir !

Laissez venir l'aide

Sam, un fabricant de meubles renommé, avait fait beaucoup d'achats à crédit et contracté une énorme dette qui l'emplissait de remords et de honte. Il avait également perdu son atelier et toutes ses plus belles pièces lors d'un incendie, à Los Angeles. Dans le même temps, sa femme l'avait quitté. Il n'avait pas réussi à faire face et s'était effondré.

Malgré tout, il a commencé à offrir son fardeau au Divin, en ayant cette pensée singulière et saisissante : « Je vais essayer de laisser l'Amour universel faire pour moi ce que je ne peux pas faire pour moi. » Le lendemain, il reçut un étonnant coup de fil de sa tante préférée. Cette femme était une talentueuse investisseuse qui venait de faire fortune dans le Bitcoin. Elle connaissait la situation de son neveu et espérait qu'il ne se vexerait pas si elle lui donnait 20 000 dollars. C'était un cadeau, pas un prêt. L'accepterait-il ?

Réprimant ses larmes au téléphone, il réussit cependant à recevoir cet argent. Par le passé, il aurait été beaucoup trop humilié pour l'accepter. Cependant, il savait ce jour-là que sa tante était le canal que Dieu avait choisi pour qu'il reprenne sa vie en main… et il Lui en était reconnaissant.

Le plaisir de recevoir

Voici ce qu'il se passe. En étant fermé au fait de recevoir, vous *refusez* aux gens le plaisir de vous donner. Vous êtes peut-être une personne qui a besoin d'apprendre à se contrôler pour ne pas trop donner. Si tel est le cas, dites : *« Voilà, Dieu, je suis sur le point de recommencer. Aide-moi à me détendre, à rester à l'intérieur de moi et à m'ouvrir au fait de recevoir. »* Pour certaines personnes, la formule *« Je mérite de recevoir »* est la clé pour un changement de vie définitif.

Avez-vous déjà ressenti cet immense plaisir de voir quelqu'un profondément content d'un cadeau que vous venez de lui faire ? Même si un cadeau n'est pas à votre goût, recevez-le gracieusement et dites à l'Univers que vous êtes ouvert. Vous honorez ainsi la personne qui donne comme si elle faisait partie du Divin... et vous pourrez toujours offrir ce nouvel objet à quelqu'un d'autre après.

En vous entraînant sans cesse à recevoir, vous pourriez voir ressurgir de façon incroyable de l'argent du passé. C'est le cas de Beth qui reçut un courrier de son avocat lui disant : « J'ai découvert que je vous avais facturé par erreur 1 500 dollars de trop. Un an plus tard, je me vois obligé de vous retourner cette somme. » Beth se dit alors qu'elle n'allait pas tomber dans le cliché « les avocats sont des escrocs », mais qu'elle se félicitait de recevoir le miracle dont elle avait besoin pour lui prouver l'existence de Dieu. La preuve était là.

S'ouvrir au fait de recevoir libère de la place pour corriger les déséquilibres du passé. Dieu avait la permission de distribuer l'argent comme Il le souhaitait et c'est ce qu'Il fit.

Trois autres outils pour ouvrir la Source divine

Il existe trois façons simples pour permettre à la Source divine de s'ouvrir. La nature de ce travail étant très pratique, vous n'aurez jamais trop de moyens concrets pour y parvenir.

Procurez-vous une boîte à idées pour Dieu

Trouvez une boîte, décorée ou toute simple selon votre goût, qui deviendra le contenant divin pour tous vos problèmes, vos aspirations, vos peurs et tout ce qui a trait à l'argent. Dès qu'un obstacle se dresse devant vous, écrivez-le et mettez le papier dans la boîte pour l'offrir à Dieu. Demandez-Lui de vous indiquer les bonnes actions à mener. Si votre inquiétude persiste, rappelez-vous qu'étant dans la boîte, le problème est désormais à 100 % du ressort de Dieu. (C'est d'ailleurs un peu l'opposé d'un tableau de visualisation, puisque vous ne dites pas à l'Univers ce qu'il doit faire, mais vous vous déchargez d'un fardeau en attente d'une solution divine.)

La boîte la plus insignifiante peut ainsi vous changer la vie. Régulièrement, vous pouvez brûler ou jeter tous les papiers qui s'y trouvent et recommencer. Vous serez alors surpris de la quantité de problèmes solutionnés !

Cassez des noix de coco

La noix de coco peut être l'outil le plus inattendu et le plus puissant pour libérer votre esprit. Ce rituel vient d'Inde. Cependant, j'ai déjà entendu parler de la même pratique dans les Caraïbes et dans d'autres pays, et j'aime me livrer à cet exercice pour une grosse offrande. Il s'avère particulièrement intéressant lorsque quelque chose vous dépasse. J'ai cassé tellement de noix de coco dans ma vie (et incité tellement de personnes à le faire) que je me suis demandé, pour rire, s'il n'y avait pas un moyen de recevoir le soutien des distributeurs de noix de coco d'Amérique.

Ce fruit représente l'attachement de l'esprit à un problème particulier. D'ailleurs, si vous le regardez bien, vous verrez une tête avec deux yeux sombres et une bouche. Vous trouverez des noix de coco dans les épiceries et supermarchés asiatiques ou dans les magasins diététiques. Une femme qui vivait dans le fin fond du Wisconsin m'a dit qu'elle était tellement inquiète à l'idée de ne pas pouvoir en trouver, qu'elle a sauté de joie le jour où elle a vu qu'elle pouvait en commander un lot de trois sur Amazon®.

Voici comment les utiliser.

Trouvez une noix de coco intacte, avec une coque dure et poilue. Secouez-la afin de bien entendre le liquide à l'intérieur. Asseyez-vous et méditez avec elle. Offrez alors à Dieu le fardeau dont vous voulez vous libérer. Ensuite, éclatez la noix de coco ! Je dis alors souvent ceci : « En lançant cette noix de coco, je Te demande de me libérer de mes chaînes. Prends mon offrande pour m'en libérer ! Tout n'appartient qu'à Toi seul ! »

J'aime jeter la noix de coco violemment sur une margelle ou sur un rocher, car le sentiment de libération au moment où elle explose est extrêmement satisfaisant. (Je sais que certaines personnes utilisent un marteau pour la casser mais, pour moi, la moitié du pouvoir de cet exercice vient du fait de la lancer). Si un certain sujet vous torture depuis toujours, vous pourriez ressentir une véritable libération au moment où la noix de coco éclate. Je me souviens de la toute première que j'ai lancée. Le poids que j'avais porté depuis mon enfance s'est brisé en mille morceaux et a disparu à jamais. Attention : ne conservez pas les morceaux pour les manger ! Vous venez de briser le symbole qui contenait votre ancien problème complexe, donc jetez les morceaux !

Je préfère réaliser ce rituel sur la plage ou dans un parc. Cependant, je l'ai déjà fait dans toutes sortes d'endroits. Vous serez guidé. J'ai une fois donné un cours à Los Angeles où nous étions regroupés dans une allée voisine pour une cérémonie rituelle de cassage de noix de coco. Une participante était tellement enthousiaste qu'elle la lança, accidentellement, par-dessus une barrière, dans le jardin de quelqu'un. Quelques minutes plus tard, la propriétaire sortit avec la noix de coco en mille morceaux dans les mains. Heureusement, elle n'avait pas été blessée ! C'était une situation démente (même à Los Angeles !).

Par ailleurs, si vous vivez dans un lieu où les noix de coco sont absolument introuvables, cet exercice fonctionne avec ce que vous avez sous la main (un melon, un œuf ou une vieille assiette). Ce qui compte est votre intention pure d'offrir et de vous libérer.

Faites des démonstrations d'abondance

Voici le troisième outil : agissez *comme si* vous étiez prospère, même si tel n'est pas le cas. Vous pouvez par exemple donner un gros pourboire à quelqu'un, en particulier *si vous êtes du genre à ne pas en donner souvent et que vous avez toujours dit que vous en donneriez si vous étiez riche.* Même si vous n'êtes pas encore riche, commencez dès à présent. Vous laissez ainsi Dieu vous utiliser pour donner.

Il arrive parfois que l'argent ait vraiment besoin d'une permission pour entrer dans une main et ressortir dans une autre. Comprenez bien ce que je veux dire. Certaines personnes dépensent leur argent de manière compulsive, pour cacher leur profond sentiment de vide. Or, je ne vous parle pas ici de dépenses inconsidérées. Je parle de faire une démonstration d'abondance, comme une démonstration de foi. En donnant aux autres, vous ressentez *qu'il est facile pour vous de dépenser l'argent de Dieu pour aider.*

La dîme est une façon fiable d'y parvenir. Prenez 10 % de « votre » argent et manifestez le fait que *ceci n'est* réellement *pas votre argent.* (Je pourrais d'ailleurs arguer qu'aucun argent n'est à vous, si vous voyez ce que je veux dire). Lorsque vous pratiquez ce principe de la dîme, vous dites : « 10 % sont à Dieu et je vais les redistribuer quand cela me sera indiqué. »

En outre, une dîme ne doit pas obligatoirement être dépensée pour quelque chose qui vous nourrit spirituellement. Certains donnent à un parti politique, d'autres pour la préservation de l'environnement, la protection des animaux, un refuge pour femmes ou encore à un ami dans le besoin. Peu importe, ils donnent pour quelque chose qui compte pour eux. Votre cœur saura vous l'indiquer. Si cela est difficile pour vous, priez : *« Seigneur, fais qu'un miracle se produise et aide-moi à donner en retour. »*

Même si vous avez peu d'argent ou rencontrez une période tendue sur le plan financier, cela peut vous aider à ouvrir la voie, du moment que vous donnez sans regrets. Même un tout petit don peut ouvrir le *Flow.*

« Dieu, utilise-moi pour que l'argent passe à travers moi et arrive à ceux qui en ont besoin. »

Pendant la formation, quelqu'un a souligné que nous pouvions faire cet exercice de dîme autrement qu'avec de l'argent : en faisant du bénévolat, par exemple. Loin de moi l'idée de minimiser le pouvoir de ce type de don de soi, cependant, voici ce que j'ai constaté. Certaines personnes offrent généreusement de leur temps mais continuent de penser : « Je suis bénévole, et quand je touche mon argent, il est tout à moi. » Pour d'autres personnes, ce sont les billets et les pièces qu'il faut donner. Dans ce cas, la dîme peut être une expérience pour se dire que l'on donne pour le compte du Divin.

Donner ne serait-ce que 10 dollars quand l'esprit proteste (« Non, c'est à moi, j'ai peur ! ») peut s'avérer transformateur. Vous commencez alors à penser qu'il est bon de donner. Vous reposez dans la Source divine. Vous vous ouvrez à une vie dans laquelle vous avez assez de temps, d'argent et d'amour.

J'ai entendu une ministre dire un jour que, lorsqu'elle ne donnait pas assez, Dieu le prenait de toutes les façons. Elle pensait, par exemple, donner au fonds pour les sans-abris puis se ravisait pour garder l'argent pour une urgence.

Invariablement, un désagrément se produisait et engageait exactement le montant qu'elle avait envisagé de donner : la batterie de sa voiture lâchait, son chien était malade ou elle perdait un plombage. Elle a donc commencé à donner quand elle le sentait, tout en sachant que le Divin prendrait sa part quoi qu'il en soit. Il lui est donc ainsi devenu beaucoup plus facile de coopérer !

La culpabilité au-dessus de la bonne fortune

Si vous avez tendance à éprouver de la culpabilité pour toutes les bonnes choses que vous expérimentez, le fait de donner cette dîme peut être un bon remède. Au lieu de vous sentir mal, vous offrez directement quelque chose à l'Amour universel. Vous devenez alors un canal d'abondance et ne pensez plus désormais : « Qui suis-je pour avoir cela ? » Vous donnez la permission au Divin de se servir de vous pour faire le bien concrètement sur cette planète.

Méditation pour donner librement

Prenez un moment pour entrer à l'intérieur de vous-même. Laissez votre corps se détendre. Ressentez votre esprit se calmer.
Puis, imaginez une cascade de lumière qui se déverse en vous par le haut de votre crâne.

Gardez vos mains ouvertes et tandis que la cascade coule à travers vous, laissez-la atteindre vos mains. Sentez le flux naturel de la lumière qui souhaite vous traverser, puis repartir dans le monde.
Imaginez cette lumière qui tourbillonne et repart vers le sommet de votre tête. Laissez-la former un schéma circulaire. Elle passe dans vos mains, puis retourne à l'intérieur de votre tête, puis revient dans vos mains.
Imaginez que vous faites partie de cette éclatante cascade de lumière. Sachez que l'abondance et la prospérité en font partie. Elles ne sont pas séparées. Plus vous vous voyez comme un vecteur pour donner et recevoir, plus tout ce qui doit arriver peut arriver et tout ce qui doit partir s'en va.
Gardez les mains grandes ouvertes pour recevoir et pour donner. Faites que ce soit simple. Ressentez comme un soulagement. Vous n'avez pas à vous accrocher à tout cela. Vous n'avez pas à avoir peur. Vous êtes un réceptacle pour donner et recevoir.
Revenez lentement à l'instant présent et gardez cette image toute simple de vous en cascade d'abondance (même si tel n'est pas encore le cas sur votre compte en banque). Visualisez la cascade en train d'entrer et sortir. Vous faites partie de cette cascade de lumière.

Adieu à la rengaine

En utilisant tous ces outils, vous verrez peut-être que les « rengaines » financières que vous vous racontez depuis toujours commencent à se dissiper. En fait, toutes ces croyances éculées peuvent être offertes à l'Amour universel. Elles peuvent être écrites et placées dans la boîte à idées pour Dieu ou insérées mentalement dans une noix de coco que vous éclatez ensuite. Vous pouvez aussi prier : *« Seigneur, fais que je sois prêt(e) à me libérer de cela ! »*

Les croyances telles que « Je suis toujours une victime » ou « Dieu me punit toujours » ont servi un objectif émotionnel dans le passé ou ont été familières à votre enfant intérieur. Toutefois, vous pouvez commencer à dire : *« D'accord, mon Dieu, je ne suis plus bloqué(e) en enfance. Cette vie T'appartient désormais et grâce à Toi, tout peut arriver. »*

Arrêtez de vous blâmer

De nombreuses personnes se blâment quotidiennement pour des « problèmes financiers » du passé, mais en les offrant au Divin, vous pouvez perdre cette mauvaise habitude. Par exemple, arrêtez de vous fustiger de ne pas avoir, dix ans plus tôt, fermé à clé votre voiture le jour où elle vous a été volée. Dites-vous plutôt : *« Fais que je me pardonne et que je puisse croire que chaque perte peut être remplacée quand je m'ouvre à Ton abondance. »*

Alors que le poids de ces événements traumatiques commence à s'alléger, vous en vouloir peut même devenir lassant. « Ai-je vraiment besoin de prendre encore cette route accidentée ? Je devrais plutôt tout offrir au Divin pour qu'Il me montre la voie ! »

Si, par exemple, vous ne cessez de vous blâmer pour un mauvais investissement, vous pouvez dire : *« S'il Te plaît, montre-moi comment je peux être plus indulgente avec moi-même à propos de cette histoire ».* Ce courroux qui vous pourrit peut en effet bloquer les bonnes choses qui comptent venir à vous actuellement. En vous pardonnant, vous vous ouvrez à nouveau au *Flow* divin, dans lequel toute perte est potentiellement suivie d'un nouveau gain.

En outre, existe-t-il une personne dans ce monde qui n'ait jamais commis d'erreur financière ? Quel soulagement de pouvoir dire : *« Bon, Seigneur, tu sais ce qui s'est produit. Je Te tends tous les regrets puisque, Toi seul, Tu es ma Source. »* Donc, ne gaspillez pas cette vie précieuse en vous reprochant le passé. Contentez-vous d'avancer vers l'offrande. Vous ressentirez peut-être l'Amour universel vous réconforter et vous murmurer que *désormais vous partagez ce fardeau et que les bonnes actions vous seront indiquées.*

Je pensais l'autre jour à cette célèbre parole de Jésus : *« Père, pardonne-leur, car ils ne savent pas ce qu'ils font »* (Luc 23,34). Pourquoi ne pas l'appliquer à vous-même ? Beaucoup d'entre nous se tourmentent pour des décisions financières prises en pensant bien faire ! Une prière intéressante pourrait alors être : *« Fais que je puisse me pardonner. Je ne savais pas ce que je faisais. »* Lorsque la Source divine est invoquée et que le canal de l'abondance est ouvert, vous ne savez jamais ce que l'Univers peut apporter.

Mon cher ami Dan s'en est toujours amèrement voulu de ne pas avoir investi dans le marché immobilier de Bay Area. Il avoue : « Cela m'obsède tellement que je me mets parfois à hyper ventiler. J'aurais pu acheter ce ravissant cottage à Elmwood pour 500 000 dollars, il y a cinq ans. Je le surveille, depuis, sur le site Zillow et il vaut maintenant 1 500 000 dollars. Quel idiot je suis ! »

C'est alors que j'éclate de rire et lève les yeux au ciel : « Tu as oublié que tu avais de bonnes raisons de ne pas acheter à l'époque. De toutes les façons, si tu avais dû acheter là-bas, tu l'aurais fait. Et si c'était tout simplement que cela ne devait pas se produire ? »

Tous les jours, Dan ressasse, s'accuse, s'accable et regrette, ne laissant la place pour aucun autre achat immobilier. Étant donné que cette occasion lui était passée sous le nez, je lui ai fait remarquer qu'il n'avait rien à perdre à prier : *« Laisse-moi me pardonner complètement. Je ne savais pas ce que je faisais. »* J'ai réellement été surprise que Dan accepte. En lâchant prise et pour la première fois depuis des années, il a remarqué de nouvelles propriétés en vente.

Cette prière fonctionne en tandem avec la Sélection divine qui dit qu'à part le Divin, aucune personne, aucun lieu ni aucune chose n'est votre Source. Il n'y a pas lieu de vous tracasser à propos de ce qui semble inachevé. Lorsque vous considérez de nouveau Dieu comme votre Source, plus aucune opportunité n'est manquée. Le seul changement opéré se fait dans le présent, où tout ce qui doit être à vous arrive forcément.

Méditation sur les regrets d'ordre financier

Entrez à l'intérieur de vous-même. Concentrez-vous sur votre respiration. Ressentez votre corps et votre esprit se détendre et se calmer.

Ressentez cette connexion avec cette lumière intérieure – avec le Divin – quelle que soit la forme sous laquelle vous imaginez sa présence. Laissez-la vous indiquer un élément financier de votre passé pour lequel vous éprouvez encore du ressentiment. Peut-être vous blâmez-vous pour cela ou peut-être blâmez-vous quelqu'un d'autre ? Notez la première chose qui vous revient, sans porter aucun jugement.

Imaginez ensuite que vous pouvez prendre ce problème – quel qu'il soit – et que vous l'offrez entièrement à la cascade de lumière.

Dites : « Débarrasse-moi de cela. Libère-moi de l'illusion que ceci est ma Source. Laisse-moi me pardonner. Laisse-moi pardonner toute autre personne. Laisse-moi pardonner tout ce qui doit l'être. Je ne veux plus être gouverné(e) par cela et je suis prêt(e) à m'en libérer. Si des actions doivent être menées, indique-les-moi. Prépare-moi à me libérer de ça. »

Laissez ensuite une autre chose remonter : un autre problème, une personne, un reproche que vous vous faites ou toute autre chose que vous n'auriez pas su libérer – une autre illusion de manque créée par votre esprit. Prenez ce problème et offrez-le à l'éclatante cascade de lumière. Dites : « Je suis prêt(e). Je ne veux plus être captif(ve) de cela. Le Divin en personne est ma Source pour tout. Laisse-moi me pardonner. Laisse-moi pardonner toute autre personne. Si une action doit être prise, indique-la-moi. Sinon, libère-moi. »

Ensuite, quand vous vous sentez prêt(e), revenez lentement à l'instant présent. Rapportez cette conscience avec vous : ce sentiment que, quelles que soient ces deux problématiques soulevées, elles appartiennent désormais à Dieu. Si d'aventure elles refaisaient surface et que vous éprouviez de nouveau du ressentiment à votre encontre… offrez-les de nouveau au Divin.

SEMAINE 4

NETTOYAGE ÉNERGÉTIQUE

« Si tu veux voler,
faut laisser tomber toute la merde qui t'alourdit. »
– Toni Morisson, *Le chant de Salomon*

Au cours de la deuxième et de la troisième semaine, nous nous sommes concentrés sur la facette extérieure du terme *shaucha*, c'est-à-dire nettoyer la maison pour en faire le réceptacle de l'abondance. Pendant la quatrième semaine, nous avançons vers l'autre facette du *shaucha* : le nettoyage de l'énergie intérieure. Toutefois, avant d'entamer cette étape, allons un peu plus en profondeur dans le nettoyage de la maison.

Faire le tri sans devenir maniaque de la propreté

En effet, les gens confondent souvent le ménage et l'ultra-propreté. Offrir vos biens à l'Amour universel est différent de devoir tout bien ranger.

Je ne suis pas une personne ordonnée...

« Je comprends qu'il soit important de se libérer de choses. Mais ce qui me contrarie, c'est de ne pas être une personne ordonnée. Tosha, je pense que vous êtes une maniaque de la propreté qui veut nous convaincre, tous, de vivre dans des espaces zen. Parfois j'aime ça, mais le plus souvent, je préfère le désordre. »

Très bien, j'entends ce que vous me dites. Je l'admets, je suis une personne très visuelle et la vue de la moindre assiette sale m'angoisse. (Oui, je les lave juste après le dîner, car trouver de la vaisselle sale en me levant le matin me plonge dans un effroi existentiel.) Mais là n'est pas la question.

Je respecte que certaines personnes soient ordonnées et d'autres non. Ce qui compte, c'est de vous débarrasser de ce qui vous encombre et qui bloque l'énergie, et de retirer les objets que vous n'aimez plus, que vous n'utilisez plus ou dont vous n'avez plus besoin. L'une de mes amies, ancienne enseignante très ordonnée, a été épatée d'avoir réussi à évacuer des montagnes de vieux dossiers au cours de ce processus. Ce phénomène est assez commun.

En faisant le tri, il se peut que vous sentiez l'énergie bouger tout autour de vous (et aussi à l'intérieur de vous). En médecine chinoise, on parle du « *chi* stagnant » qui doit être réactivé. Cela vaut également pour les maisons.

Une fois que vous avez tout dégagé, la façon d'organiser les affaires que vous gardez ne tient qu'à vous. Si vous souhaitez les laisser traîner partout, eh bien, ne vous gênez surtout pas pour moi ! Du moment que nous ne vivons pas sous le même toit, je vous soutiendrai dans cette voie !

Brûler mes journaux intimes

Il y a plusieurs années, alors que je rangeais mon appartement, je me suis sentie guidée et poussée à brûler tous mes journaux intimes. Je me suis demandé : « Suis-je folle ? Comment puis-je faire ça ? Je suis écrivaine. Et si un jour je voulais écrire mes mémoires ? »

Seulement, voilà la vérité : lorsque j'ai relu ces journaux – en particulier ceux écrits pendant ma vingtaine torturée – j'ai su qu'ils ne me servaient plus à rien. Ce n'était qu'une suite de tomes remplis de confusion, de peurs et de lamentations. En outre, malgré mon caractère organisé, ma calligraphie était (et est toujours) – même pour moi – à peine lisible et semblable à celle d'un pharmacien dérangé. Faire brûler cette pile de haine envers moi-même était une manière puissante de me libérer d'un personnage dont je n'avais qu'un vague souvenir. Alors que les journaux fumaient dans la cheminée, mon cœur bondissait de joie à la vue des pages qui se consumaient une à une dans les flammes orange.

Je n'ai jamais regretté ce geste, mais je ne vous dirai pas pour autant de le faire, vous aussi, puisque nous sommes tous différents. Vos journaux intimes sont peut-être tellement bien que vous êtes la prochaine Annie Dillard[1] ou Colette. Comme en toute chose, si vous offrez cela au Divin, la voie vous sera indiquée.

La connaissance intérieure vous guide

Bien, maintenant que votre maison est sur le point de devenir un temple, concentrons-nous sur votre énergie intérieure. Pour cela, il convient principalement de retirer les cordes psychiques inutiles. Ce sont des cordes énergétiques qui nous lient aux gens et aux choses essentielles.

En pénétrant dans ce royaume intérieur, vous continuez d'honorer votre intuition. Vous êtes probablement de plus en plus à l'aise en suivant le *spanda* et vous pouvez appliquer ce talent également à l'intérieur de vous.

Plus vous offrez, plus vous pouvez être à l'écoute de votre intériorité et moins vous vous souciez des convenances universelles. Vous commencez à voir ce qui est nécessaire *de l'intérieur* et je vous encourage à continuer à ajuster ces pratiques afin qu'elles correspondent à votre Moi.

En fait, plus vous offrez, plus vous commencez à avoir confiance... en *vous*. Je vais vous donner des lignes directrices,

1. Romancière, poétesse et essayiste américaine, titulaire du prix Pulitzer de l'essai en 1975 pour son essai *Pèlerinage à Tinker Creek*.

mais votre propre inspiration guidée par le Divin va s'épanouir d'elle-même. À la fin de ce processus, cette connaissance silencieuse sera plus forte que jamais.

En finir avec la guerre intérieure

Mon amie Carlotta est tellement stressée par son alimentation qu'elle parcourt obstinément le magasin diététique munie de son pendule afin de tester chaque tête de chou-fleur ou chaque barre à la caroube. Moi qui ai une constitution fragile, je peux le comprendre. Toutefois, Carlotta ne cesse de se répéter des choses terribles et de se rabaisser. Elle s'inflige des coups de bâton mentaux du matin au soir.

Je pense que ces jugements négatifs peuvent être beaucoup plus toxiques que ce que nous consommons. Avec le temps, en offrant et en faisant le vide, cette guerre intérieure peut finir par cesser. C'est un changement de régime qui ne peut s'opérer que de l'intérieur. Le despote interne, sévère et auto-accusateur, est lentement détrôné, vous libérant à jamais de son règne de terreur. Une nouvelle voie plus douce et plus indulgente est en train de se mettre en place.

Cordes et chakras

Etonnamment, la plupart des croyances qui nous tyrannisent sur le plan financier ne sont même pas les nôtres. Nous en avons, par exemple, hérité certaines de notre mère, *in utero.* Nous les avons absorbées grâce à une certaine osmose et elles forment les cordes psychiques qui nous retiennent captifs. Ces liens peuvent nous engluer et nous bloquer.

Ils peuvent réellement constituer des lassos psychiques. Certaines attitudes vis-à-vis de l'argent, comme le fait de penser qu'on n'en aura jamais assez, peuvent être des cordes pour une épouse ou pour un parent. Par exemple, si votre père a connu de nombreux déboires financiers, vous pourriez vous attendre à reproduire ce schéma. Cependant, en ôtant ce lien, vous pouvez recouvrer l'équilibre et reprendre le fil de votre propre destinée. Ne croyez pas que vous soyez obligé de revivre tout cela.

Les cordes n'ont généralement pas été attachées dans l'intention de nuire. C'est souvent une croyance héritée d'une autre personne ou une blessure qui s'est installée en vous, tel un parasite. La bonne nouvelle est que ces cordes pourtant solides peuvent être retirées ! Et, de la même façon que nous avons mis de l'ordre dans la pagaille d'une maison, nous allons faire le tri dans votre mental. Ensuite, nous vous ancrerons de nouveau dans le présent, dans *votre propre* relation sacrée avec la Source divine.

Nous devons tout d'abord parler des chakras, ces centres énergétiques situés tout le long de la colonne vertébrale, car c'est là que les cordes sont attachées. Nous avons (au moins) sept chakras, dont le premier se situe à la base de la colonne vertébrale et le dernier sur le dessus du crâne. Pour mener à bien notre processus, nous allons nous concentrer principalement sur les trois points les plus bas, car tous sont liés à la sécurité et j'ai découvert que c'était généralement là que les cordes les plus résistantes étaient nouées.

Vous avez peut-être un nœud au chakra racine, à la base de la colonne vertébrale, ou bien au niveau du second chakra (celui de la survie et de la créativité, juste au-dessous de votre nombril) ou encore au chakra du plexus solaire (celui du pouvoir). Il est également possible qu'il soit attaché aux trois chakras. Avec un peu de pratique, vous serez en mesure de ressentir quels chakras sont liés à ces peurs et blessures héritées de quelqu'un d'autre ou d'une vie antérieure.

Alix était liée au traumatisme du suicide de son père, survenu lorsqu'elle avait 10 ans. Malgré des années de thérapie, elle avait toujours l'impression d'être bloquée sur cet événement. Après avoir récité plusieurs fois la méditation de la corde (voir ci-dessous), elle a pu couper le cordon avec son père, noué au niveau du second chakra, et reprendre sa vie en main. Ce déblocage lui a permis d'être pleinement dans le présent.

Inutile cependant de sombrer dans la paranoïa des cordes, car une fois que vous en prenez conscience, parvenir à vous en libérer n'est pas difficile. Si ce type de nettoyage peut être effectué pour tous types de problèmes, nous allons nous concentrer ici sur les finances. Cette méditation va vous guider. J'espère que vous la pratiquerez plusieurs fois au cours des semaines à venir. En effet, plusieurs personnes ou événements referont sans doute surface. Cependant, identifiez les principaux et ceux qui se présentent en premier.

Méditation de la corde

Concentrez-vous sur votre respiration et autorisez votre énergie à plonger à l'intérieur de vous. Ressentez la Terre qui vous porte et votre esprit qui se calme.

Autorisez-vous à penser à quelqu'un à qui vous seriez lié(e) par l'argent. Cela peut être un(e) partenaire, un(e) parent(e) ou quelqu'un du passé – qui que ce soit dont les opinions à propos de l'argent ont été archivées dans votre corps.

Vous ressentirez peut-être que vous les avez stockées vous-même.

Vous visualiserez peut-être la corde attachée sous votre nombril ou à la base de votre colonne vertébrale ou liée à votre plexus solaire, centre de la puissance. Faites confiance à ce que vous voyez.

Concentrez votre attention sur la première personne qui vous vient à l'esprit.

Puis, dites-lui : « Nous en avons terminé. Je reprends possession de ma connexion à l'argent de Dieu. J'ai ma propre connexion sacrée et j'en suis pleinement titulaire, parce que je mérite de vivre dans un état d'abondance.

Je retire désormais ce cordon. J'enlève de mon corps cette corde qui me lie à toi. »

Enlevez cette corde de la manière la plus simple pour vous. Vous pouvez la tirer, la brûler ou la couper.

Vous pouvez remercier cette personne et lui envoyer de bons vœux.

Vous pouvez dire : « Nous en avons terminé. Cette corde ne gouverne plus mon organisme. J'ai désormais ma propre relation à la générosité de Dieu. Je suis libre pour être un canal du Divin pour le bien. »

Quelle que soit la personne que vous identifiez durant cette première partie de la méditation, elle est fondamentale. C'est pour cette raison qu'elle a refait surface. En ôtant cet attachement, vous pourriez vous sentir plus présent que jamais dans votre propre corps. Vous allez enfin vivre votre propre relation avec l'argent du Divin et non la sienne.

Maintenant, plongez de nouveau dans votre intériorité. Vous allez voir une seule image. Cela peut être un événement de cette vie-ci ou bien d'une vie passée. Votre esprit va vous montrer un événement passé auquel vous êtes lié(e). Un événement qui vous maintient dans la peur de manquer. Si de nombreuses images s'imposent à vous, pas de problème. Considérez la première que vous ayez vue. Vous reviendrez aux autres plus tard, en utilisant la même technique.

Cette première image pourrait être quelque chose qui s'est produit ou dont vous avez peur ou encore un lointain souvenir. Laissez ce souvenir remonter et se rejouer. De nouveau, ressentez la corde d'énergie qui vous lie à cette image. Le souvenir se dissoudra lorsque vous couperez ou brûlerez la corde, en disant : « Ce souvenir n'est désormais plus ma réalité. Le pouvoir de Dieu est plus fort que ce rêve. » Imaginez-vous en train de le libérer, comme si vous regardiez un ballon s'envoler dans le ciel. Regardez-le partir. Cela ne détermine plus ce qui est possible. Cela ne fait plus partie de votre histoire. Vous avez coupé le cordon et fait de l'espace pour que l'Amour universel apporte ce qui est nécessaire.

Ressentez la libération des cordes qui vous liaient à cette personne centrale et à cette image. Si d'aventure elles essayaient de reprendre attache, vous pourrez les envoyer balader. Vous ne leur serez plus accessible.

Enfin, prenez un moment pour vous recentrer et dites : « Il est facile pour moi de recevoir. Il est facile de recevoir le plan divin suprême et de devenir un canal pour le bien. »

Lorsque vous êtes prêt(e), revenez lentement dans l'instant, en vous souvenant de tout ce qui s'est produit.

La reconquête du pouvoir

Pour certains d'entre vous, la méditation de la corde peut suffire à éliminer les blocages dus à des personnalités dominantes. D'autres, en revanche, pourront trouver dans les trois chakras du bas de très nombreuses cordes les reliant à différentes personnes dont les croyances à propos de l'argent continuent de les piéger. Si tel est le cas, reprenez la méditation tous les jours et continuez ce nettoyage aussi longtemps que nécessaire.

Rappelez-vous qu'aucun cordon ne reste attaché sans votre permission. La première étape consiste simplement à en prendre conscience. Une fois que vous avez appris à les détecter, ces liens deviennent de plus en plus évidents et vous n'aurez peut-être même plus besoin d'être dans un état méditatif pour les voir.

Par exemple, par un jour difficile, vous êtes en train de marcher et pensez (une fois encore !) que vous n'aurez jamais assez d'argent. Vous ressentez alors un tiraillement dans votre second chakra et avez la vision de votre sœur. Comme ça, en une fraction de seconde, vous prenez conscience : *« Mais en fait, je porte sa peur depuis toujours. Nous sommes si proches, elle et moi, que nous partageons absolument tout ! »*

Et vous arrachez la corde.

Veillez d'ailleurs à retirer délicatement les cordes, en particulier au début. Même si ce processus est simple, il se peut que vous soyez fatigué ou confus la première fois. Après tout, l'énergie psychique de quelqu'un d'autre était accrochée à vous depuis toujours et vous lui dites maintenant : « Terminé ! Fin de la partie ! » Cependant, n'oubliez pas que ces cordes sont un phénomène naturel et que vous ne faites que reconquérir votre propre énergie. Sachez qu'au moment où vous vous séparez du lien qui vous relie à quelqu'un, vous pouvez envoyer de l'amour, de bons vœux ou votre reconnaissance à cette personne.

En devenant de plus en plus conscient et présent, vous traitez chaque corde avec patience et amour. Vous les ôtez, dès que vous les trouvez. Avec un peu de pratique, cela devient comme une seconde nature. Facile. Certaines pourront revenir, mais ne vous tracassez pas. Il se peut, par exemple, que vous vous retrouviez un jour dans un vent de panique financière, mais vous réaliserez immédiatement : *« J'ai de nouveau été accroché(e). Je suis de nouveau collé(e) à la terreur de ma famille. Cependant, elle n'est pas mienne, je la libère avec reconnaissance. »*

Avec ces outils, vous ne serez plus pour longtemps à la merci de la sensation de manque. Avec le temps, vous prendrez la décision de vous aligner sur la vérité et non sur l'imposture. Les mensonges tels que « Je n'aurai jamais ce dont j'ai besoin », « Je ne peux jamais recevoir », « Je serai toujours envieux » perdront leur emprise. Vous serez conscient que vous glissez là dans de vieux schémas et vous serez reconnaissant de revenir dans la vérité.

La prière de transformation pour la pleine abondance le résume :

Fais de moi quelqu'un qui sache s'aimer, se pardonner et s'accepter
afin que je puisse porter Ta lumière sans restriction.
Permets à tout ce qui doit partir de partir.
Permets à tout ce qui doit venir de venir.
Je suis totalement à Toi.

Quelques exemples

Les cordes peuvent vous affecter physiquement d'une façon surprenante. Les couper peut parfois apporter un immense soulagement.

Je me suis détachée de la peur de manquer.

« C'est tellement puissant ! J'avais déjà coupé de nombreuses fois des cordes, mais jamais de cette façon.
Mon oncle est venu vivre avec nous quand j'avais neuf ans environ. Peu de temps après, j'ai commencé à avoir de terribles douleurs en bas du dos. Aucun examen médical ne pouvait expliquer pourquoi. Aujourd'hui, lorsque j'ai vu qui était attaché à moi, évidemment, c'était mon oncle. La corde partait de l'avant de mon bassin, traversait mon périnée et allait jusqu'au bas de mon dos. La douleur était très vive !

J'ai coupé la corde afin de me détacher de la peur de manquer viscérale qu'avait mon oncle. Très vite, ma douleur s'en est allée ! Je n'aurais jamais fait le lien entre les deux si je n'avais pas fait cet exercice. »

Enlever les cordes peut permettre également de se libérer des souffrances vécues par plusieurs générations. Il est fréquent de retenir quelqu'un de votre enfance dans l'un des trois chakras du bas, puis de reproduire ses angoisses dans votre propre vie.

Je découvre une nouvelle façon d'être plus forte.

« Ma mère chinoise était la plus jeune d'une fratrie de huit enfants. Quatre dormaient dans un lit et les quatre autres étaient disséminés dans l'appartement. Son père est mort quand elle était petite et ma grand-mère (qui ne parlait pas un mot d'anglais) s'est retrouvée à les élever. Tous ont grandi dans la faim et dans la peur. En coupant les cordes qui me relient à ma mère et à ma grand-mère, je regagne un sentiment de pouvoir dans plusieurs domaines de ma vie, y compris dans celui de l'argent. J'éprouve une immense compassion pour ce qu'elles ont vécu, mais je découvre une nouvelle façon d'être plus forte de jour en jour. »

Certaines de ces expériences de rupture de cordes sont vraiment très drôles. Celle-ci me fait rire.

J'ai soldé ma dette envers mon ex-mari.

« Je viens de faire la méditation pour couper les cordes, pour la première fois. La personne avec qui j'ai coupé est mon ex-mari, avec qui je suis restée amie. J'ai longtemps eu une dette envers lui que je rembourse depuis notre divorce, il y a quatre ans, mais votre cours m'a convaincue que je devais couper la corde et solder définitivement ma dette envers lui afin de tourner la page.
Voilà ce qui s'est produit. Juste après avoir terminé, j'ouvre Facebook® et je découvre qu'il a changé sa photo de couverture. Il y avait, avant, une photo de nous deux, et maintenant, il a enlevé ma tête ! Sur le coup, je me suis sentie offensée, jusqu'au moment où

j'ai vu qu'il l'avait fait précisément pendant la séance de méditation. Incroyable ! »

Effectivement, une personne très intuitive pourra sentir que vous avez coupé une corde qui vous reliait à elle. Vous pourrez toujours beaucoup vous aimer et rester proches, mais vous n'aurez plus aucun lien qui entrave votre liberté et votre lucidité.

Savoir comment retirer les cordes est un peu comme posséder une épée sacrée et la sortir de son fourreau. Malgré cela, il se peut que vous ayez parfois besoin d'aide pour ôter les plus résistantes d'entre elles. Lorsque cela se produit, vous pouvez solliciter l'archange Michaël pour qu'il fasse le sale boulot avec son sabre de lumière. Sinon, le seigneur Ganesh, qui retire les obstacles, ou Kali, la déesse de la mort et de la renaissance, peuvent eux aussi vous aider à pulvériser ces cordes. Si vous avez besoin d'aide, n'hésitez pas à faire appel à eux.

Vies antérieures

Il se peut que vous ayez grandi dans une famille qui était dans le besoin et que vous paniquiez toujours à propos de l'argent. En commençant à méditer sur les vies antérieures, j'ai moi-même été troublée. En effet, lorsque vous étendez le spectre au-delà de votre incarnation actuelle, beaucoup de choses prennent tout leur sens – y compris des questions telles que « Comment Mozart a-t-il pu composer un concerto entier pour piano à l'âge de cinq ans ? » ou « Comment Jeanne d'Arc a-t-elle mené une armée alors qu'elle n'était qu'une adolescente ? »

Le talent et les aptitudes ne sont pas les seules choses qui se transmettent. De nombreuses peurs et phobies (notamment celles liées à l'argent) peuvent émaner de mémoires et d'impressions de vies antérieures. Peut-être que vous êtes mort de la peste bubonique dans une vie passée ou que vous avez tout perdu dans un tremblement de terre au Tibet ? On ne le saura jamais.

Ou peut-être que *si*.

Un jour, quelqu'un m'a permis de remonter dans mes vies antérieures et j'ai pu voir de façon limpide que j'avais vécu pendant la période Edo, à Kyoto, au Japon. À cette époque, j'étais une geisha dans le besoin. La vision était si précise que je ressentais véritablement la peur. Si les Occidentaux projettent généralement sur cette période des images de vie de luxe, de mets raffinés et de kimonos, dans cette vie passée, j'éprouvais une détresse financière au milieu d'une grande beauté. Pour survivre, je devais trouver un généreux *danna* (ou bienfaiteur) qui subvienne à mes besoins, me nourrisse et m'habille.

J'ai réalisé que les soucis d'ordre financier qui avaient été chevillés à mon corps toute la première partie de ma vie remontaient en partie à cette époque Edo. J'ai également compris pourquoi je suis tellement attirée par l'esthétique et la culture japonaise.

À propos du sacrifice et de la perte

En un sens, on pourrait dire que nous apprenons à travers les pertes et les déceptions. La véritable offrande est une invitation directe et passionnée pour que l'Amour prenne les rênes et impose son plan divin à la place de celui de l'ego.

Certaines fois, cela peut s'avérer extrêmement douloureux. Vous avez l'impression que le Divin coupe – souvent sans anesthésie – tout ce qui doit partir : illusions, obsessions, addictions… C'est la raison pour laquelle j'aime à considérer que l'Amour universel demande parfois de faire des sacrifices.

En Inde, les prêtres védiques font de magnifiques *yagya*, ou cérémonies du feu sacré, au cours desquelles ils prient des déités suprêmes telles que Lakshmi, Kali et Ganesh. En différents lieux, du ghee, du lait, du riz, du curcuma et des fleurs colorées sont jetés dans le feu. Au lieu de lancer uniquement vos problèmes, vous donnez également quelque chose.

La vie peut être vue sous cet angle.

Ma chère amie Chris Northrup était en Argentine il y a quelques années, quand quelqu'un s'est approché d'elle et lui a arraché le collier de diamant auquel elle tenait tant. Comme on peut l'imaginer, elle a été secouée par cet incident. Cependant, lorsqu'elle m'en fit part, je ne pus m'empêcher de lui dire : « Chris, tu es arrivée à un grand tournant. Tu sais que tu laisses derrière toi beaucoup de choses dont tu n'as plus besoin. Peut-être que tout cela n'est qu'une énorme aubaine et que Kali a accepté cela en sacrifice pour qu'advienne un temps nouveau. Qui sait ce qu'elle pourra te donner en échange ? » J'ignorais ce que Chris répondrait. Elle frémit, acquiesça et fut immédiatement soulagée de cette « perte ».

Même lors des plus grandes catastrophes, ces idées d'offrande et de sacrifice peuvent apporter une grande consolation et vous aider.

Je me sens rassasié et non pas vide.

« Je fais partie de ceux qui ont perdu leur maison dans les incendies de Californie du Nord. Je compte également parmi les professionnels qui ont perdu quasiment tout leur chiffre d'affaires, étant donné que tous nos clients ont également été affectés. Toutefois, j'ai été aidé sur le plan financier car j'ai eu la chance de recevoir des subventions et des aides de la FEMA (l'Agence fédérale des situations d'urgence, aux Etats-Unis). En outre, nos amis avaient lancé une collecte de fonds en ligne et nous avons pu obtenir un prêt professionnel à taux préférentiel pour nous aider à reconstruire.

Cependant, même en recevant tous ces cadeaux, j'étais abasourdi et terrifié. Je réalise maintenant qu'il avait été question de casser avec le concept d'ego... de couper avec qui je croyais être.

Un grand merci pour le concept de sacrifice. Si je peux voir la catastrophe sous cet angle et la bénir, je me sens rassasié et non pas vide. Si ce désastre peut être un sacrifice, alors je sais que je fais partie de quelque chose de plus grand que moi. Fort de cette expérience, j'aime laisser l'abondance venir à travers moi, au lieu de considérer que tout est à moi. »

Se libérer des peurs liées à l'argent

Pour cette dernière section sur les peurs liées à l'argent dont nous devons nous libérer, laissez-moi partager avec vous quelques lettres reçues de participants au sujet de cette quatrième étape du processus. Vous pourriez y trouver des problématiques similaires aux vôtres.

Quand mon ordinateur est tombé en panne...

« Un jour, mon fils a recraché de l'eau sur mon tout nouveau MacBook®. Le lendemain, après l'avoir allumé, je ne pouvais plus l'éteindre. J'étais en pleine panique.
Je l'ai donc apporté chez Apple® où ils m'ont dit que cela venait probablement de la carte mère et que la réparation pourrait être soit gratuite, soit coûter dans les... 800 dollars.
Pour la première fois dans ma vie, j'ai décidé de tout offrir à Dieu et d'accepter – quelle que soit l'issue. Dès qu'un problème se présente à moi, je me rappelle qu'il appartient à Dieu. Imaginez ma joie quand, quatre jours plus tard, ils m'ont dit que cela ne me coûterait rien. Merci infiniment de m'avoir aidée à penser ainsi ! »

Cet autre témoignage montre que l'on peut offrir même lorsque l'on est dans l'attente que les choses s'alignent.

J'apprends à être juste "au milieu" quand le changement opère.

« C'est dingue ! J'ai suivi chaque jour toutes les étapes et bien que je sois toujours sans un sou, les nouvelles opportunités ne cessent de se présenter ! Cela fait des années que je n'ai pas eu un tel sentiment de paix.
Dans ma vie, je n'ai jamais été à l'aise avec l'argent. En ce moment, alors que j'en ai toujours aussi peu, je me sens détendu. C'est incroyable ! J'apprends comment être juste "au milieu" lorsque le changement s'opère. Je ne suis cependant pas encore sur l'autre côté de la rive. »

Le Divin peut vous mettre à l'épreuve en faisant que l'argent file, quoi que vous fassiez. S'il arrive et repart aussitôt, ne paniquez pas. L'Amour universel veut simplement vous aider à vous sentir à l'aise dans votre rôle de canal d'abondance. L'argent pourra affluer plus tard.

Un dernier témoignage à propos des peurs d'ordre financier :

J'essaie de me pardonner des erreurs de comptabilité.

« Récemment, il y a eu des erreurs dans la comptabilité de mon entreprise à domicile et j'ai prié pour obtenir de l'aide car je pensais que cela pourrait calmer mes angoisses à propos de l'argent. J'ai alors demandé à être protégé afin que ces erreurs ne soient pas découvertes.
J'ai adoré votre approche selon laquelle nous ne devons pas considérer que l'argent est à nous. Si cet argent n'est pas à moi, pourquoi devrais-je prier pour demander la protection du Divin ? Le plus important n'est-il pas que je me pardonne ces erreurs ? »

Offrir permet de déplacer adroitement la conscience de « Quelque chose de terrible est arrivé, fais que cela ne se voit pas ! » à « Je te donne cela. Puisses-Tu m'indiquer les bonnes actions à mener. » Vous comprenez la différence ?

Vous pouvez offrir un problème dans son intégralité à l'Amour universel et dire : *« Tu sais ce qui s'est passé. Tu es le fournisseur de tout. Je Te tends chacune de mes peurs à propos de cette erreur. Que tout puisse se dérouler pour le meilleur, selon Ta volonté. »* Et oui, vous avez raison. Vous pardonner ou pardonner une autre personne pour cette erreur ne pourra jamais faire de mal.

Quand rien ne se produit

Peut-être qu'à la fin de cette semaine, certains d'entre vous se diront : « Bien, j'utilise les outils et j'entends toutes ces histoires incroyables, mais rien ne s'est encore produit pour moi. Qu'ai-je fait de travers ? »

Rien. *Détendez-vous et continuez de suivre les étapes.*

Si vous ressentez le besoin d'en faire davantage, allez plus profondément dans le processus d'offrir. Trouvez un autre coin de la maison à nettoyer. Faites une nouvelle méditation de la corde. Continuez de répéter la prière de transformation pour la pleine abondance et dites : *« Il est facile pour moi de recevoir. »* Faites une ou deux démonstrations d'abondance, mettez en place une boîte à idées pour Dieu ou cassez une noix de coco.

Certaines personnes sont tellement obnubilées par l'idée de mal faire qu'elles continuent, malgré tout, à se poser la question. Elles regardent autour d'elles et pensent : « Oh, mince, tout le monde y arrive, pourquoi pas moi ? » Contentez-vous de bénir et de vous libérer de tout cela.

Une partie de la loi de la Divine sélection correspond au « timing » divin. Cela signifie que tous les retards sont bénéfiques, que nous les remarquions ou pas. En vous détendant et en vous ouvrant, les choses se mettent en place au bon moment avec une facilité déconcertante, car elles suivent l'horloge de Dieu.

Vous allez tous suivre ce processus à votre propre rythme, car vous êtes sur une route unique et sacrée dont le tracé a été créé par l'intelligence de votre âme. Pour certains d'entre vous, ces premières semaines ont pu vous apporter le soulagement d'un esprit plus calme et d'une maison plus propre, sans que vous ne puissiez entrevoir autre chose pour l'instant.

Or j'ai vu, à de nombreuses reprises, surgir de nulle part des changements d'envergure. En effet, deux ou trois mois plus tard, *BAM !* Soudainement, le changement a lieu, pour la bonne et simple raison que vous êtes alors prêt. Puisque vous vous épanouissez à votre propre rythme, vous devez rester concentré sur l'instant présent. Vous êtes en train de vous transformer en un réceptacle pour l'abondance. Pour aujourd'hui, posez-vous juste ces deux questions : que suis-je amené à nettoyer ? De quoi dois-je me libérer ?

SEMAINE 5

L'ENFANT INTÉRIEUR OUBLIÉ

« Adultes est un terme qui signifie enfants obsolètes. »
– Dr Seuss

Au cours de cette cinquième semaine, tout en suivant les étapes précédentes et en continuant de couper des cordes, nous allons aborder un élément crucial et souvent négligé de l'abondance : votre enfant intérieur. Nous allons nous connecter en profondeur avec lui, car il est souvent la source de très nombreuses craintes d'ordre financier.

Écouter l'enfant intérieur

Claude était reconnaissant d'avoir grandi dans une famille aisée. Cependant, ce qu'il désirait vraiment, c'était que quelqu'un – n'importe qui – le regarde dans les yeux et lui dise : « Raconte-moi ta journée. Dis-moi comment tu te sens. J'ai tout mon temps pour toi. » Cela ne s'était jamais produit quand il était enfant et il doutait que cela puisse se produire maintenant qu'il était adulte.

Il avait fini par se dire que deux options s'offraient à lui : continuer à ruminer sur cet état de fait – ce que beaucoup de gens font (ils ont la quarantaine et continuent de se révolter contre quelque chose qui est survenu quand ils avaient trois ans) – ou bien commencer à offrir à cet enfant ce dont il avait besoin. À sa plus grande surprise, Claude découvrit que cet enfant intérieur était ravi de recevoir de l'amour et de l'attention !

En fin de compte, vous êtes la seule et unique personne. Vous êtes le sauveur et, qui que vous soyez, votre enfant intérieur n'attend que *vous*.

Comme Claude, j'ai également eu le sentiment de ne pas être écoutée quand j'étais petite. J'ai appris à dire à cette enfant timide et solitaire : « Dis-moi tout. J'ai tout mon temps, je t'écoute. Je ne vais pas partir et je ne suis pas pressée. » Ces mots sont ceux qu'elle préfère le plus au monde : « Je t'écouterai aussi longtemps que possible. Prends ton temps ! »

Dans notre monde ultra-caféiné et obsédé par le multitâche, combien de personnes vous diront sincèrement « Prends tout ton temps, tu as toute mon attention » ? Même des couples qui s'aiment essaient de se retrouver rapidement tout en faisant quatorze autres choses en même temps.

Offrir votre présence totale à quelqu'un est un incroyable cadeau et l'offrir à votre enfant intérieur est une véritable récompense. Il est quelques fois arrivé que mon enfant intérieure ait voulu m'écrire tout ce qu'elle voulait me dire, comme si je prenais sous la dictée. J'ai trouvé cela beaucoup plus essentiel à notre relation que de lui acheter des choses.

J'aime beaucoup les beaux objets, mais quand quelqu'un souffre de la manie des achats compulsifs (ou de toute autre obsession), cela cache souvent une faim bien plus profonde. Cette dernière ne s'assouvit pas en se fustigeant ou en se réprimandant. C'est en communiant avec votre enfant intérieur que vous pouvez enfin devenir son meilleur allié.

Méditation pour communier avec l'enfant intérieur

Tout d'abord, secouez les mains et les doigts. Secouez les jambes. Secouez toute votre énergie. Laissez sortir toute l'énergie de la journée, puis ramenez-la à l'intérieur de vous.

Concentrez-vous sur votre respiration et sentez votre corps se détendre. Autorisez-vous à vous détendre. Sentez votre esprit se calmer.
Imaginez une force d'amour dans votre cœur. Vous pouvez visualiser une déité, une déesse ou juste une lumière. Quelle qu'elle soit, considérez cette force en vous comme votre Moi supérieur. Même quand vous l'oubliez, ces vestiges de l'Amour sont toujours là.
Ensuite, invitez ce jeune enfant dans votre cœur. Notez son âge. Il peut avoir 3 ans, 6 ans, 10 ans peut-être, ou plus encore.
Autorisez-le à entrer. Faites-lui savoir que vous faites un peu de méditation afin qu'il commence à se sentir écouté et considéré. Vous voulez réellement lui offrir toute votre attention.
Pour certains d'entre vous, votre enfant intérieur pourra réagir comme un chaton sauvage enfermé longtemps dans un placard et être très réticent. D'autres pourront le voir immédiatement surgir d'un bond. Il pourra être timide ou bien joueur et turbulent.
Ressentez que vous êtes son gardien sacré et que c'est un immense honneur de pouvoir enfin lui donner tout le temps et l'attention qu'il réclame.
Il va maintenant vous dire ou exprimer d'une manière ou d'une autre ce qu'il attend de vous à cet instant. Il voudra peut-être venir sur vos genoux pour être câliné. Il voudra peut-être parler ou juste s'asseoir devant vous et vous regarder. Il va vous le faire comprendre. Laissez-le vous dire s'il a peur de quelque chose en cet instant. Que ressent-il ? Laissez-le vous parler, sans jugement ni condescendance. Vous êtes simplement en train de l'écouter. Peut-être êtes-vous en train de le tenir dans vos bras. Laissez-le vous exprimer ses peurs.
Autorisez votre part sage et lucide à réconforter et à rassurer cet enfant. Faites-lui savoir en particulier que les questions financières sont désormais offertes au Divin et que vous apprenez une nouvelle manière d'être. Faites-lui savoir qu'à partir de maintenant, vous allez prendre soin de lui, l'écouter et le réconforter.
Et que tous les besoins seront comblés.
Prenez quelques instants pour rester dans cet état. Il se peut que cet enfant soit méfiant et ne vous fasse pas confiance. Or, si vous avez d'autres choses à lui dire, redites-lui qu'à compter de maintenant,

en communion avec le Divin, vous serez présent. Dites-lui que, quel que soit ce qu'il ressent maintenant, tout va bien.
Il pourra peut-être montrer une rancune liée à l'enfance ou à un événement plus récent. Il pourra être en colère contre vous pour avoir disparu toutes ces années ! Voyez s'il nourrit une rancœur. Écoutez-le et dites-lui que tous les sentiments sont recevables, mais qu'une nouvelle ère s'ouvre, dans laquelle tous les besoins seront enfin satisfaits. Vous aurez peut-être à vous excuser d'être « parti » si longtemps !
Quoi qu'il manifeste, rassurez-le. Dites-lui que vous avez changé de cap et que vous êtes désormais engagé(e) auprès de lui. Cela prendra le temps nécessaire. Vous n'êtes pas pressé(e). Insistez en particulier sur le fait que toutes les questions financières sont désormais entre les mains de votre Moi supérieur et qu'il n'a plus à s'en soucier.
Faites-lui la promesse que, quoi qu'il veuille, que ce souhait soit petit ou gros, vous l'accompagnerez.
Ensuite, lorsque vous êtes prêt(e), revenez lentement à l'instant présent. Prenez quelques minutes pour écrire tout ce qui s'est passé.

Apprivoiser cet enfant

Pour certains, la vie est comme un accès de colère permanent qui remonte à ce pauvre petit enfant négligé. Cela affecte non seulement le domaine de l'argent, mais aussi toutes les autres facettes de la vie. Lorsque vous regardez à l'intérieur, vous découvrez généralement que celui qui est plein de rage, qui se sent seul ou qui est sans espoir n'est pas la partie adulte de vous-même. C'est cet être abandonné à l'intérieur qui réclame de l'amour. Comme les choses changent à partir du moment où vous commencez à vous occuper de lui !

Ma mère était comme ça.

« Mon enfant intérieur se sent comme un martyr avec l'argent, exactement comme l'était ma mère. Comment aborder cela ? »

Il conviendra tout d'abord de retirer les cordes liées à la mère, afin de ne pas recréer son schéma émotionnel. Ensuite, le lien avec cet enfant blessé peut être soigné et renforcé. Vous pouvez le rassurer en lui disant qu'il a le droit d'avoir des besoins et vous l'aiderez aussi en lui disant non. Il est en effet important de poser, pour toute victime, des limites saines.

Avec le temps, vous allez apprendre à arrêter de vous identifier à ce jeune enfant meurtri qui oscille entre détresse et colère. Vous deviendrez l'adulte aimant qui prend soin de lui. Avec de la pratique, vous pouvez vraiment devenir son tuteur bienveillant.

Cette tutelle se met en place tout naturellement, comme une fleur qui s'ouvre. Après quelque temps, vous serez étonné de voir combien vos émotions ont changé. L'enfant commencera à se sentir écouté et il arrêtera de réclamer sans cesse de l'attention. Même si vous découvrez, après des années de négligence, que votre enfant intérieur a renoncé et reste, indifférent, dans un état d'abandon, ne vous inquiétez pas. Le Divin peut agir en toute situation !

La notion d'enfant intérieur est loin d'être nouvelle. Depuis des décennies, de nombreux thérapeutes et techniques de guérison l'ont abordé, de Carl Jung à John Bradshaw. Cependant, avoir une connaissance intellectuelle de *ce petit être qui se trouve à l'intérieur de nous* est tout à fait différent de s'engager à prendre soin de lui.

De nombreuses personnes traitent cet enfant avec une certaine irritation. « Pourquoi ne grandis-tu pas ? Quel est le problème avec toi ? Arrête tes bêtises ! » Souvent, aussi, ils lui parlent de la même façon que leurs parents leur parlaient quand ils étaient jeunes. Or, il existe une autre manière de s'occuper de lui : le traiter avec patience et amour.

C'est une capacité qui peut s'acquérir, en particulier avec l'aide du Divin. Si l'enfant ne reçoit pas de vous l'amour qu'il vous réclame, aucune attention ou affection extérieure ne saura le remplacer. Le meilleur des conjoints ou des amis ne pourra pallier ce manque. La première ligne de défense de ce tendre enfant en attente, c'est vous.

Le réprimer, l'étouffer ou lui dire de se bouger et d'arrêter de faire le bébé ne sert à rien.

Ce qui compte, c'est la tendresse et la compassion intérieures.

L'enfant est un acheteur compulsif !

En devenant l'allié de cet enfant, vous allez reconnaître comment il se comporte lorsqu'il a peur ou se sent seul. Vous pourrez, par exemple, découvrir que les achats compulsifs font partie de ses comportements.

C'est hors de contrôle !

« Une part en moi veut en permanence acheter des vêtements et des accessoires. Même si je n'achetais plus jamais quoi que ce soit, j'en aurais encore trop. C'est hors de contrôle ! Comment puis-je reprendre la situation en main ? »

En achetant tous ces vêtements et ces accessoires, votre enfant intérieur mène la barque et il trouve un moyen de se soulager. Désormais, lorsqu'il commence à réclamer, vous pouvez lui dire : *« Oui, je vais t'acheter un petit quelque chose, mais je veux surtout commencer à te donner du temps et de l'attention. »* Il devrait cesser de vouloir remplir le vide comme il le faisait auparavant.

Parler et négocier avec votre enfant est beaucoup plus puissant que de lui donner la fessée ou de le punir. Un parent aimant ne dirait probablement pas à un enfant de cinq ans : « Vas-y, cours dans ce magasin et achète toute la collection ! On se retrouve à la caisse. » Il dirait plutôt : « Trouve une ou deux choses qui te plaisent vraiment. » La plupart des enfants s'épanouissent bien mieux dans un cadre dont les limites sont posées de façon bienveillante.

Si l'enfant intérieur a été négligé pendant trop longtemps, il pourrait dire : « Pourquoi ne pourrais-je pas tout avoir ? Je ne reçois aucun amour ni soin de ta part, alors donne-moi des tonnes de choses à la place ! » L'aider à se sentir écouté et en sécurité fait toute la différence.

Je dépense plus que je ne gagne.

« Je dépense toujours plus que je ne gagne, ce qui n'est pas viable. J'aimerais désespérément changer et passer de l'enfant apeuré à l'adulte mature dans l'approche de mes finances.
Je ressens un grand sentiment de privation lorsque je pense que je n'aurai pas tout ce que je veux. Si je réussis à ne pas dépenser pendant quelque temps, cela précède généralement un nouvel épisode de dépenses inconsidérées. Ensuite, je plonge dans la terreur de ne jamais parvenir à changer de comportement.
Ce problème me fatigue tellement et me fait osciller entre une immense honte et une profonde panique.
Comment puis-je arrêter de me fustiger pour mes mauvaises habitudes financières ? »

Il est en réalité assez commun que l'enfant prenne de mauvaises décisions financières. C'est même très fréquent ! La première étape est le pardon. Dites : *« Écoute, je souhaite te pardonner pour le passé, car tu n'es qu'un enfant. Tu as peur. Tu ne pouvais pas savoir ! Mais à partir de maintenant, Dieu et moi, nous allons nous occuper de l'argent ! »* Et si vous ne parvenez pas à lui pardonner, vous pouvez également prier pour en être capable.

C'est la beauté de la Source divine. Les pertes peuvent être suivies de gains, lorsque vous savez que Dieu est l'origine et le propriétaire de tout. Vous pouvez cesser de taper sur l'enfant pour l'argent perdu vingt ans auparavant et pensez à la place : *« Très bien, ce qui est fait est fait. Désormais, j'apprends à prendre soin de mon enfant et à offrir toutes les questions financières au Divin pour qu'Il les traite. »*

S'occuper du tout-petit

Pour certaines personnes, l'idée même de devoir prendre soin de l'enfant est formidable. Une prière de transformation peut cependant aider : *« Cher Dieu, montre-moi la première étape pour aimer cet enfant. Prépare-moi ! »*

Olga admet que cette tâche la révulse. Elle est furieuse de devoir apprendre à s'occuper de ce côté doux et vulnérable d'elle-même. Pourquoi *une autre personne* ne pourrait-elle pas s'en occuper ? Mais l'extérieur reflète ce qui se trouve à l'intérieur. Personne d'autre qu'elle-même ne peut réhabiliter cette part abandonnée et en prendre soin. Je lui ai suggéré, au lieu de se blâmer d'être furieuse, de se libérer physiquement de la colère en faisant de l'exercice ou en cassant quelque chose. Pour Olga, c'était le premier pas vers une connexion intérieure bienveillante.

En réalité, l'une des plus grandes surprises sera peut-être de découvrir combien la tendresse intérieure et l'amour pour cet enfant peuvent constituer une parfaite porte vers le Divin. Beaucoup pourraient dire : « Je n'ai pas de connexion à Dieu, je me sentirai toujours seul et abandonné. » Ce à quoi je répondrai : « Ne vous préoccupez pas de cela actuellement. Concentrez-vous sur cet enfant et prenez soin de lui ! »

C'est là que le plus grand des miracles se produit. Ils reconnaîtront bientôt que l'amour inconditionnel et le pardon qu'ils ont donnés à cet enfant négligé venaient en réalité directement du Seigneur intérieur. L'enfant a été une voie puissante et rapide pour l'union.

Votre petit chien intérieur

Si, pour une raison ou pour une autre, vous ne parvenez pas à vous rapprocher de votre enfant intérieur, vous pourriez avoir envie d'essayer cet outil de substitution.

Il avait besoin de savoir qu'il était en sécurité.

« Lorsque vous parliez de prendre soin de l'enfant, j'ai réalisé combien j'étais réfractaire à ce travail sur l'enfant intérieur.
(...) Ce que j'ai commencé à faire à la place a été de travailler avec mon animal intérieur, que j'ai appelé le chien errant de mon cœur.

Je me suis clairement vu avec ce chien errant qui s'est avéré avoir besoin de nourriture, d'eau et d'un bon lit au coin du feu. J'ai vu avec quelle facilité et quel amour j'avais envie de lui fournir tout cela. Il avait besoin d'être félicité pour sa loyauté et sa bravoure, pour la protection qu'il m'apporte et la surveillance de la maison. Il avait besoin d'avoir une mission et un cadre avec des limites définies. Il devait savoir qu'il était en sécurité et qu'il avait un maître. Je lui ai dit que c'était un bon chien et que plus jamais il ne serait abandonné. Merci chien intérieur ! Merci de me protéger ! »

Il n'est sans doute pas anodin qu'en anglais, le mot chien (*dog*) soit l'anagramme de Dieu (*God*). Pour certaines personnes, il est beaucoup plus facile de se connecter à un animal intérieur, quel qu'il soit, plutôt qu'à son enfant intérieur. (Cela peut aussi être un premier pas avant que l'enfant ne se présente sous peu.) En particulier si vous avez été cruel envers vous-même dans le passé, le fait d'imaginer un animal de compagnie en vous, que vous aimez et dont vous prenez soin, peut permettre un important changement. Très souvent, les gens préfèrent choyer un animal qu'ils ont adopté plutôt qu'eux-mêmes.

Il y a des années, Maurice était un coureur de marathon qui se traitait sans pitié lorsqu'il était blessé, car il était incapable de s'arrêter pour permettre à ses blessures de guérir. L'idée de l'animal intérieur a profondément séduit cet amoureux des bêtes. Il savait qu'il ne blâmerait jamais son corgi tant aimé s'il tombait malade. Au contraire, il le dorloterait jusqu'à ce qu'il se rétablisse. Il a réalisé que son chiot intérieur avait besoin du même traitement.

Faire tomber le mur

Lorsque vous entrez en contact avec eux, certains enfants intérieurs accourent vers vous, ravis à l'idée de jouer, de communier et d'être remarqués. Cependant, d'autres seront légitimement furieux pour toutes ces années durant lesquelles ils auront été ignorés ou blessés. En pareil cas, il est bon d'user de patience et d'observer un temps de pause jusqu'à la réconciliation.

Certains se sont sentis abandonnés depuis tellement longtemps qu'ils ne peuvent pas être trouvés d'emblée. Ils peuvent se cacher dans un coin ou s'enfermer dans un placard et ne souhaiteront pas nécessairement se jeter dans vos bras pour vous faire un câlin.

Si l'enfant est en colère ou suspicieux, voici le secret. L'enfant intérieur de Derek était tellement blessé et déçu qu'il ne voulût même pas le regarder dans les yeux lors des premières tentatives pour entrer en contact. Derek finit pas écrire une lettre d'excuses à son enfant, afin de lui demander pardon pour l'avoir fait souffrir. Quelques semaines plus tard, au cours d'une méditation, l'enfant est venu s'asseoir, méfiant, sur une chaise voisine, mais il ne voulait toujours ni parler ni être touché. Avec le temps, lorsque le garçon réalisa que Derek était sincère, il se rapprocha et une réelle amitié finit par se nouer entre eux.

Vous commencez où vous vous trouvez.

Tout le monde commence quelque part.

Une source de gratitude

En apprenant à vous concentrer sur l'enfant, vous allez gagner une véritable capacité d'appréciation. Vous savez combien certains enfants sont capables de dire environ sept fois *merci* pour une chose insignifiante. Vous pouvez leur offrir un simple caillou ramassé au hasard et ils sont les plus heureux du monde.

Il se peut qu'il soit excessivement reconnaissant d'être de nouveau connecté avec vous. Marina a fait l'expérience d'une méditation très nette dans laquelle elle s'est vue ouvrir une porte close et libérer son enfant intérieure abandonnée et mal nourrie pendant des années d'emprisonnement. Au début, cette enfant est apparue boitillante dans la lumière. Elle était si désorientée qu'elle pouvait à peine parler. Elle en voulait beaucoup à Marina de l'avoir délaissée pendant si longtemps !

Mais Marina est revenue vers elle avec un grand dévouement, en lui promettant qu'elle pourrait prendre autant de temps que nécessaire pour guérir. Un jour, au cours d'une méditation, elle finit par voir la fillette courir et se jeter dans ses bras pour l'étreindre. Marina lui a alors murmuré : *« Je prendrai toujours soin de toi ma princesse. Jamais plus tu ne seras abandonnée. »*

Le calvaire intérieur

Certaines personnes – en particulier les femmes – sont en quête de cet amant, partenaire ou ami qui les sauvera tant sur le plan émotionnel que financier. Cependant, cette attente provient souvent de l'enfant. Le plus généreux des conjoints pourrait arriver sur son destrier blanc, si vous n'avez pas entamé votre travail de soin intérieur, vous ne vous sentirez pas en sécurité pour autant. Il convient que chacun commence par un travail intérieur avec son enfant.

Lorsqu'il pleure et crie : « Sauve-moi, sauve-moi ! », vous apprenez à lui répondre : *« Oui chéri, je vais te sauver. Je vais enfin être un merveilleux parent pour toi. »* Lorsque vous, l'adulte, regagnez votre dignité et n'arpentez plus le monde tel un orphelin affamé, les autres sont de plus en plus enclins à vous offrir davantage. La générosité intérieure entraîne la générosité extérieure.

Vous pouvez prier : *« Seigneur, laisse-moi commencer à m'occuper de ce petit être tendre. Ouvre mon cœur malgré ma réticence. L'abondance arrive alors que je m'occupe de plus en plus de lui. »*

L'enfant est généralement celui qui s'accroche au monde en hurlant : « Je veux ci, je veux ça, comment vais-je faire si je n'ai pas tout ce dont j'ai besoin ? » C'est celui qui pleurniche (souvent pour une bonne raison) : « Pourquoi est-ce que je me sens toujours floué ? » Quand, enfin, vous commencez à le nourrir, le monde autour se réorganise.

Juste de l'amour propre

Pour autant, la connexion à votre enfant intérieur n'est pas juste de l'auto-indulgence. Elle ne revient pas à considérer que *si vous vous sentez mal aujourd'hui, vous allez claquer tout votre argent pour vous sentir mieux*. Au contraire, vous mettez en place une intention intérieure (ou vœu) – magnifiquement nommée *sankalpa* en sanskrit – pour aimer, aider et arrêter de persécuter cet enfant.

Dana écrivait : « Je suis tout le temps dure avec moi-même et j'ai de très grandes attentes. » En se mettant à prier pour traiter cet enfant avec compassion et bonté, tout son monde s'est ouvert.

La femme qui écrivait au tout début de ce chapitre qu'elle ne parvenait pas à priver son enfant de sa frénésie d'achat de vêtements et d'accessoires, devrait plutôt lui dire : « Oui, une fois par semaine, nous achèterons quelque chose. » Une autre solution serait d'inviter l'enfant intérieur à ranger ses placards avec elle. Les enfants adorent être sollicités et les occasions de le faire sont innombrables. Or, avec de la pratique, la moindre tâche peut s'avérer rigolote.

J'ai une amie qui, un an après son mariage, n'avait toujours pas réussi à envoyer les mots de remerciements à ses invités. Chaque jour, elle se fustigeait pour sa négligence. Elle décida finalement d'offrir cela au Divin et elle découvrit que son enfant intérieure n'attendait qu'une chose : l'aider.

Son enfant la poussa à organiser une fête. Elle invita un groupe d'amies à une soirée « Lettres disparues », avec sushis et saké à volonté. Elles ont bu, mangé, mis de la musique et dressé une montagne d'enveloppes et de timbres. Chaque fois que vingt lettres étaient prêtes, elles faisaient une pause et dansaient. Son enfant intérieure s'est alors beaucoup amusée !

Avec l'enfant, il n'est pas question d'imposer un code de conduite et d'adopter un mode punitif. Il convient, en revanche, de poser des limites saines et que l'enfant se sente enfin soutenu.

Vous pouvez alors lui donner dans la mesure de vos moyens. Lorsque l'enfant commence à se sentir choyé, il cesse de réclamer.

En outre, l'une des clés de la jeunesse éternelle est la communion libre, honnête et aimante que vous entretenez avec cet enfant. Ainsi, quel que soit l'âge chronologique de votre corps, vous ne perdez jamais le sens de la créativité, du jeu ou de l'abandon de soi. Ainsi, l'enfant s'épanouit gaiement dans la lumière de votre bienveillante attention.

Faire la lecture à votre enfant intérieur

Sans doute parce que je suis auteure, j'aime l'idée de faire la lecture à son enfant intérieur.

Je lui indique ses sentiments au fur et à mesure qu'ils évoluent.

« Lorsque mon enfant intérieure et moi-même écoutons des livres audio pour enfants, je lui fais part de ses sentiments. Quand je sens des émotions qui se manifestent dans mon ventre, je lui dis : "Tu sembles furieuse !" ou "Je sens que tu es triste maintenant." Je reste en lien avec elle et lui indique les sentiments au fur et à mesure qu'ils évoluent, jusqu'à ce qu'elle se détende. Je libère un soupir intérieur en écrivant ces quelques phrases. Elle est soulagée que quelqu'un l'ait enfin vue et écoutée. Elle peut se détendre et se laisser porter. »

Oui ! Vous pouvez refléter les sentiments de votre enfant intérieur. Au lieu de vous disputer avec lui pour des sentiments qu'il ne devrait pas avoir, contentez-vous de témoigner et d'accepter ce qu'il ressent. Une fois que ce petit être est reconnu sans être blâmé, il peut véritablement se calmer. Reconnaissez simplement l'enfant. Il ne veut qu'être écouté et estimé.

En revanche, si vous tenez à le frustrer, vous n'avez qu'à le convaincre de *ne pas* avoir de sentiment profond quand il en a un. Les garçons en particulier – et quelques filles aussi – sont souvent élevés dans l'obligation de cacher leur peur et leur tristesse, alors qu'il est tellement plus sain de pouvoir les reconnaître et les libérer.

Un enchevêtrement d'émotions

L'enfant peut se faire connaître à travers vos propres sentiments de tristesse, de culpabilité, de honte ou de rancune. Vous êtes parfois plongé dans une émotion profonde et vous réalisez : « Oh, mon Dieu, mon enfant est en train de pleurer et d'appeler à l'aide ! » Voici quelques exemples.

La blessure secrète

Il y a quelques années, j'étais partie pour une semaine de yoga à Cabo San Lucas. C'était ma définition du paradis : d'intenses cours de yoga *vinyasa* tout au long de la journée et un bain chaud sous les étoiles le soir. Cependant, en milieu de semaine, mon enfant intérieure a arrêté la roue.

Une excursion avait été organisée dans une ville proche. Un bus collectif s'y rendait ainsi que quelques voitures. J'ai demandé à une femme si je pouvais monter avec elle dans sa voiture.

Au moment où je lui ai posé la question, j'ai compris qu'elle voulait rester seule, mais au lieu de me le dire franchement, elle a eu une drôle d'attitude. (Je suis sûre que vous avez déjà vécu ça. Vous êtes là, pris d'une terrible énergie qui, soudain, vous ramène à l'âge de 6 ans, dans la cour d'école, là où personne ne vous veut dans son équipe.) J'ai immédiatement fait machine arrière : « Pas de souci, je n'ai pas besoin de venir ! »

Dans le même temps, la part de sagesse en moi savait que l'Amour universel disait : « Hé, cette excursion n'est pas nécessaire. Reste donc ici et écris. Inutile de forcer la main à cette femme. »

Pour autant, est-ce que cela a ôté la douleur ? *Mon Dieu, non, pas du tout !* Tout semblait être survenu pour me *rappeler* cette petite fille solitaire, à l'intérieur, qui s'est souvent sentie rejetée. Une fois tout le monde parti, elle a fondu en larmes et a pleuré pendant des heures. Crever l'abcès de cette douleur oubliée et pouvoir la vivre pleinement a été un véritable soulagement. Je me suis étendue sur le lit, en me tenant le ventre et en sanglotant. « Ça fait mal, ça fait mal... » À la fin, la petite fille gisait sur le lit. Épuisée, mais heureuse.

Cet événement a très bien pu être orchestré par le Divin pour cautériser rapidement et efficacement ma blessure négligée. Au dîner, j'éprouvais de la gratitude pour la femme brusque qui m'avait blessée. Si je l'avais détestée, je serais passée à côté et n'aurais rien compris.

Permets-moi d'offrir de la compassion et de l'amour à ce petit être. Laisse-moi m'occuper de ses besoins et sentiments profonds.

Sous la table

Et si l'on pense que l'on ne mérite pas l'argent ?

« Vous avez mentionné le fait que si quelqu'un pense qu'il ne mérite pas l'argent, il peut dépenser de façon compulsive. Pourriez-vous m'en dire plus ? Moi qui ai parfois reçu de l'aide sur le plan financier, je pense que cela cache de la honte, de l'indignité ou de la culpabilité. »

Si tout est la Source divine, cela signifie que, jusqu'à présent, Dieu vous a quelques fois donné de l'argent par l'intermédiaire des autres. Il est très puissant de pouvoir dire à son enfant intérieur qui a honte : *« Je te pardonne enfin. Tout va bien. C'est ainsi que tu as survécu. Désormais, Dieu va t'indiquer un autre chemin. »* L'enfant se cache alors sous la table, mortifié d'avoir eu besoin d'aide.

Pouvez-vous imaginer que vous le rejoignez dans sa cachette ? Dites-lui qu'il a fait du mieux qu'il a pu et qu'il n'a jamais été mauvais ni égoïste. Vous pouvez lui promettre de devenir un parent protecteur et aimant pour lui et que l'argent lui arrivera par un autre canal.

Vous pouvez également faire le rituel de la noix de coco comme expliqué au cours de la troisième semaine, et offrir toute la question financière à Dieu. Vous pouvez aussi essayer une prière de transformation : « *Fais que je sache que je mérite de recevoir l'abondance et que je mérite d'avoir assez.* » Car c'est le cas !

La renaissance de Rakia

Rakia est une experte de la Tech. Très estimée, elle a enchaîné les postes importants et a gagné énormément d'argent. Même dans les meilleurs moments, elle a toujours vécu nettement au-dessus de ses moyens, ayant toujours envie du *nec plus ultra* (que ce soit chez Gucci®, Prada®, Cartier®, etc.) et elle n'a jamais su épargner.

Puis, elle rencontra des difficultés et perdit son travail, mais elle conserva son train de vie opulent. Elle glissa peu à peu d'une vie de dépenses effrénées au monde anxiogène du chômage. Elle toucha le fond en quelques mois et ne put plus rembourser les crédits pour son appartement-terrasse avec vue sur la mer. Elle finit par aller dormir chez des amis durant six mois.

Rakia était littéralement à genoux. Jusque-là, elle avait toujours pensé pouvoir tout se permettre. J'entends par là qu'elle croyait être dotée de tels superpouvoirs qu'elle pouvait s'acheter, non pas la simple Mercedes® de base, mais celle avec les sièges chauffants pour l'hiver.

Cependant, face à cette rude mise à l'épreuve, Rakia se résigna totalement. Elle implora tous les soirs : « *Cher Dieu, je ne sais pas pourquoi j'endure tout cela, je n'avais jamais pensé que cela puisse m'arriver ! Je T'en prie, aide-moi à entendre la leçon. Laisse-moi croire que Tu es la Source de tout. Aide-moi à rétablir la situation en lâchant prise.* »

Plus elle cédait, plus elle réalisait qu'elle s'était attachée à toutes ces grandes marques parce que sa mère ne l'avait jamais estimée et ne l'avait, au fond, jamais vraiment regardée. Rakia comprit qu'elle devait couper ces cordes douloureuses avec sa mère. Elle commença à prendre soin de cette petite fille abandonnée qui ne s'était jamais sentie suffisamment bien et avait constamment quelque chose à prouver. Elle arrêta également de se blâmer pour cette impasse financière dans laquelle elle se trouvait.

Pendant les mois où elle profita encore de la générosité de ses amis, elle offrit totalement, et pour la première fois, ses finances à Dieu. Elle n'avait pas vraiment d'autre choix. Jusqu'au jour où, soudainement, l'un de ses anciens employeurs la tira littéralement du canapé vert élimé sur lequel elle couchait, au sous-sol, chez son ami Dave, et lui offrit un poste avec le même salaire que celui qu'elle gagnait auparavant. Très vite, elle eut de nouveau une maison à elle – beaucoup plus modeste que la précédente – et elle put commencer à mettre de l'argent de côté. Mais le plus important : elle avait une toute nouvelle relation à l'argent.

Aujourd'hui, au plus profond d'elle-même, elle sait que l'argent appartient à Dieu. Elle sait ce que tout perdre puis tout reconstruire veut dire. Elle respecte et honore enfin l'argent comme une largesse du Divin.

Cassez tout !

L'une des idées reçues au sujet des personnes spirituelles est qu'elles n'ont jamais de « mauvaises » émotions. Lorsque la colère, la tristesse, la jalousie et la douleur sont toutes réprimées, elles ont plutôt tendance à se diffuser partout. Le chemin vers cette communion intérieure permet à tous les sentiments d'être accueillis. Il existe des façons simples de les libérer sans les infliger aux autres.

Une fois qu'elles reçoivent la permission, les émotions sont comme un orage ou une autre force de la nature. Il n'y a pas lieu de penser qu'elles puissent être toujours clémentes. En fait, plus les sentiments sont autorisés, plus ils peuvent circuler et passer comme le temps. Bien entendu, certaines émotions – la colère en particulier – réclament une attention particulière.

Si vous êtes d'une nature fougueuse, évacuer physiquement la colère peut faire toute la différence. Faire l'effort de ne pas se contenter d'en parler permet d'affronter le problème de front. Pour certaines personnes, la pratique d'un sport tel que la randonnée, la natation ou le vélo peut s'avérer salutaire.

Cependant, si la colère est immense, d'autres auront besoin de « détruire » concrètement quelque chose. Je suis convaincue que, si vous êtes réellement furieux, il vaut mieux que vous brisiez quelque chose d'anodin plutôt que de retourner cette violence contre vous.

Personnellement, j'adore casser de la vaisselle et je considère que c'est la thérapie la moins coûteuse au monde. Si d'aventure vous étiez extrêmement en colère, allez chez Emmaüs® et prenez une pile de vieilles assiettes ou tasses ébréchées. Trouvez ensuite un endroit calme et éclatez tout en mille morceaux, en criant, si vous en ressentez le besoin ! (Certains aiment aussi gribouiller des noms sur ce qu'ils cassent.) Mieux vaut briser des assiettes que votre équilibre psychique. La colère désire et mérite de sortir.

Elsa ressentait une furieuse colère depuis son divorce. Elle avait pris sur elle et englouti des pots entiers de popcorn au point de se rendre malade et de ne presque plus pouvoir marcher. Lorsque je lui suggérai la « vaisselle-thérapie », elle me dit : « Oh, il me faut vraiment beaucoup plus que cela ! » Je lui proposai alors de prier pour trouver sa propre voie.

Elle me rappela le lendemain, folle de joie. Son enfant intérieure était si présente qu'on pouvait la sentir au téléphone. Elsa avait acheté 20 animaux en peluche dans un dépôt-vente. Elle s'était ensuite cachée dans son garage (pour éviter de passer pour une dingue auprès de ses voisins) puis elle les avait mis en lambeaux avec des ciseaux et des couteaux. Le rembourrage volait de partout comme une bourrasque de neige.

Elle finit par s'étendre sur le sol, morte de rire et entourée d'oursons décapités. Elle me dit ne jamais s'être autant amusée de sa vie. Elle avait grandi dans une famille anglaise dans laquelle il était interdit de se fâcher.

Si ces lignes vous terrifient, laissez-moi vous poser cette question : où pensez-vous que toute cette énergie violente allait avant qu'Elsa ne fasse cela ? La réponse est : tout droit dans son corps et dans son esprit. Et si le fait de déchiqueter des ours en peluche ne fonctionne pas avec vous, vous pouvez tout aussi bien exploser un vieux matelas à coup de batte de baseball.

Nous sommes tous différents. Pour certains, la colère est aisée ; ils en sont remplis et la tristesse est ce qui bouche la bouteille. D'autres utilisent la colère pour ne pas ressentir la tristesse cachée en eux.

Après la mort de maman, j'étais incapable de pleurer pendant plusieurs mois, même si des geysers de larmes se déversaient en moi, prêts à jaillir. J'ai fini par me dire que je pouvais revoir des films tristes pour m'aider. En particulier les dessins animés tels que *Mulan*, *Là-haut* et *Ratatouille* (pour ne citer qu'eux) qui ont le don de me faire fondre en larmes. Les larmes sont l'expression de la glace qui se met à fondre dans le cœur.

L'écrivain et critique de cinéma Kevin Lincoln a écrit une nouvelle dans le *New York Times* dans laquelle il réhabilite le droit de pleurer quand on va au cinéma. En tant qu'« homme type américain », on l'avait contraint à réprimer ses larmes (j'ai cependant rencontré également des femmes ayant reçu la même injonction).

Il a expliqué comment, comme de nombreux garçons, il avait appris à arrêter de pleurer, un peu comme un rite pour devenir un homme. Puis, comment, dans la pénombre tranquille, il a enfin appris à « s'asseoir un moment pour être dans l'empathie, accepter la vulnérabilité et réagir sans suivre l'ordre du jour » et à libérer ses propres larmes. Pour la première fois depuis son enfance, il avait rétabli sa capacité à accéder et à comprendre ses propres sentiments.

Si certaines personnes y parviennent grâce à une thérapie, j'aime beaucoup comment Kevin a su transformer une démarche anodine telle qu'une séance de cinéma en une véritable communion spirituelle avec cet enfant jadis négligé.

Au cours des semaines restantes, apprenez à connaître votre enfant intérieur. Faites-le sortir de sa cachette, écoutez-le, sollicitez-le. Soyez patient. Prenez votre temps et soyez constant. Notez l'âge de l'enfant. Il sera très jeune chez certains et adolescent chez d'autres. (Il peut aussi changer d'âge selon les jours et évoluer au cours d'une seule méditation.) Et si votre enfant est empli de colère, son comportement changera selon son âge : accès de colère, rebuffades, remarques blessantes, manipulation. Rien n'est interdit. Laissez-le évacuer ses sentiments.

Si vous ne savez pas quel comportement adopter, si vous ne voyez aucun résultat ou si vous êtes frustré de constater qu'une stratégie fonctionne un jour et plus l'autre, ne désespérez pas. Comme un parent qui a un souci appelle immédiatement ses amis à l'aide, offrez tout au Divin. En persévérant, vous serez récompensé. A travers ce processus de reconnexion, une créativité plus profonde, une joie plus intense et une satisfaction plus grande adviendront. En aimant cet enfant, vous recouvrez votre propre sensation d'émerveillement.

Je T'offre ceci, oh Être aimé. Permets au mur qui me sépare de mon enfant intérieur et vulnérable de tomber. Avec patience et foi, indique-moi la route qui nous réunira. J'ai hâte de pouvoir prendre soin de moi comme jamais auparavant !

SEMAINE 6

LES JOYAUX DE LA COURONNE

« Le détachement n'est pas de ne rien posséder,
mais que rien ne puisse nous posséder. »
– Ali ibn Abi Talib

Quand j'avais une vingtaine d'années, j'avais l'habitude de consulter un voyant incroyable à Berkeley. Tel un disque rayé, il me répétait ceci : « Chérie, il y aura toujours *quelque chose*. » L'idée qu'un jour je puisse atterrir dans un endroit secret où plus aucun problème n'existerait (même en gardant l'esprit aussi clair que possible) était une pure illusion. « Ça aussi, ça passera, ajoutait-il. Cela va passer puis apporter une seconde fois exactement la même chose – ou quelque chose de similaire – si tu n'acceptes pas cette réalité dès le départ. »

C'est la raison pour laquelle, au cours de la sixième semaine, nous allons aborder plus en profondeur la nature de l'offrande. Elle prend ses bases dans l'acceptation radicale, en disant à tout moment *oui* à la réalité, pour que ce qui est nécessaire puisse advenir. C'est ainsi que les portes de l'abondance s'ouvrent en grand.

Cette semaine, je vais vous faire découvrir les étapes clés de l'offrande que j'ai pu identifier. Ainsi, vous pourrez les observer durant votre propre parcours. Mais, tout d'abord, nous allons devoir nous plonger dans trois concepts.

Trois petits joyaux

Il fut un temps où un message viral tournait sur Internet et disait : « Relax, tout est vraiment sous contrôle ! » Ce qui, du point de vue de l'ego, est entièrement vrai. Nous savons tous que le changement est une constante fiable. Donc, si c'est l'ego qui mène, chaque fois que quelque chose change – en particulier si ce changement semble « négatif » – il peut se mettre dans une colère noire : « Non, je ne lâcherai pas prise. Je refuse ! » Sinon, il pourra aussi s'enfoncer dans l'impuissance et le désespoir (l'enfant est généralement celui qui a ce type de réaction).

Alors, comment surmonter cela ? Outre le fait de réconforter et de calmer l'enfant intérieur, la réponse réside dans trois magnifiques termes : *aparigraha* (la non-possessivité), *vairagya* (le détachement) et *ishvara pranidhana* (l'abandon). Dans les textes hindous anciens de la *Bhagavadgita* et des *yoga-sūtras* de Pantanjali, ce sont les joyaux de la couronne de l'Existence. Parvenir à les atteindre revient à remporter un prix bien plus précieux qu'une médaille d'or aux Jeux olympiques, un Oscar, ou être fait chevalier par la reine d'Angleterre. Lorsque ces joyaux commencent à honorer votre âme, alors vous cheminez vers la liberté.

Les gens disent parfois : « Oh, je travaille *teeeellement* qu'il m'est difficile de me détacher. Je ne peux que me blâmer d'être incapable de lâcher prise. » L'ego cherche à rendre cette tâche plus difficile qu'elle ne l'est : il ne s'agit que de passage à l'acte et de distraction. En offrant vos fardeaux à l'Amour universel, vous invitez ces trois qualités divines et elles finissent par instiller en vous.

Avec de la pratique, elles sont d'ailleurs disponibles pour tous. Vous pouvez dire : *« Dieu, je ne peux pas faire ça. Je n'y arrive pas ! Prends-moi en charge et aide-moi à lâcher prise. »* Mais l'acceptation de soi (et aussi un sens de l'humour affirmé) est nécessaire dans ce processus. Votre *humanité* apprend à s'aligner avec le *Flow*. Vous continuez à donner de la tendresse à l'enfant intérieur en lui disant : *« Tout va bien. Ne t'inquiète pas. Tout va bien se dérouler. »*

À ce stade, vous pourriez vous demander quelle est cette humanité. Eh bien, c'est votre individualité, le petit soi, l'expression personnelle de vous en tant que *vous-même*. La difficulté dans ce travail est de permettre à l'humanité authentique de rester dans toute sa splendeur tout en penchant vers ce Divin intérieur. Avec le temps, à force de prières et d'offrandes, vous devenez plus agile pour basculer du grand Moi au petit Moi.

Lorsque vous êtes sur terre pour suffisamment de vies, en tant que vieille âme, vous commencez à convoiter de plus en plus avidement ces joyaux. Ils sont la paix de Dieu. D'ailleurs c'est ce profond désir qui permet de les acquérir. Vous rencontrez des opportunités taillées sur mesure, spécialement pour vous, afin de vous aider à vous détacher et à abandonner.

Vous vous souvenez du *prarabdha karma* ? Chaque personne suit son parcours d'apprentissage personnalisé sur terre. Pour de nombreuses vieilles âmes, gagner ces joyaux est la base du cursus. Si vous appreniez une langue étrangère, les cours seraient progressivement de plus en plus difficiles, selon vos progrès, jusqu'à ce que vous soyez en mesure de parler. De la même façon, le Divin à un plan pédagogique pour que vous appreniez à développer ces qualités spirituelles avec beaucoup d'aisance.

Prenons l'exemple tout simple de Freya qui collectionne les verres anciens. Lors d'un vide-grenier, elle trouve un vase très précieux pour seulement 99 cents ! Plus excitée que jamais, elle l'achète... Mais elle le fait malencontreusement tomber en regagnant sa voiture. Si son ego avait mené la danse, elle aurait dû dire : « Quelle maladroite ! Je suis furieuse. Je ne me le pardonnerai jamais. » Cependant, vu d'un point de vue spirituel, cet incident était une opportunité pour inviter ces joyaux beaucoup plus précieux que la pièce antique brisée.

Les auteurs Stephen et Ondrea Levine ont raconté une histoire du même ordre dans leur livre *Qui meurt ?* Ils y décrivent un maître de méditation thaï à qui l'on demande comment trouver la sécurité dans un monde d'impermanence. Comment peut-on se détendre et être heureux quand tout change ?

Il répondit en tenant un verre à la main : « Vous voyez ce gobelet ? Pour moi, ce verre est déjà cassé. J'en profite. Je bois dedans. Il contient mon eau de manière admirable, il reflète parfois magnifiquement le soleil... Mais lorsque je pose ce verre sur une étagère et que le vent le renverse... Je dis *"bien sûr"*. Quand je comprends que ce verre est déjà cassé, chaque moment passé avec lui est précieux. Chaque instant est juste tel qu'il devrait être. » Et c'est cela, la véritable offrande.

Les trois étapes

Nous pouvons tous passer par différents stades. Une fois que vous les connaissez, il devient beaucoup plus facile de ne pas être berné ou pris au piège.

Première étape

Voici le point de départ. Au cours de cette phase, l'ego est aux commandes, dans le siège du conducteur, et il dit : « Je veux ci, je veux ça. Si je ne peux pas l'obtenir, je vais vraiment me mettre en colère ou être désespéré, peut-être pour toujours. » La rancune, le désespoir et la frustration sont autant d'émotions familières. Les tentatives pour contrôler et manipuler la réalité surgissent sans cesse.

Maintenant, comprenez-moi bien : il n'y a rien de mal à cela. Les sentiments sont une bonne chose et ce processus n'a pas pour objectif de les bloquer. Cette phase est simplement une expression naturelle de l'ego qui lutte constamment contre la réalité.

Or, voici ce qui est drôle. Vous pourriez être une rock star avec 10 millions de *followers* sur Instagram et rester bloqué à la première phase ou une « star du yoga » avec des fans dans le monde entier et être également bloqué au même stade. Parce que le monde pourrait bien être en adoration à vos pieds, vous seriez toujours esclave... de vos propres désirs.

Deuxième étape

Ici, la conscience de l'offrande devient intellectuelle. Vous apprenez à abandonner et à inviter le Divin à prendre les rênes. Souvent, cette étape découle de la simple fatigue de ne pas voir vos désirs satisfaits. Vous commencez alors à essayer de « prendre les choses en main ».

Cependant, le *petit Moi* continue de tirer fermement les ficelles. Cette étape est la plus difficile, car vous pouvez vous convaincre que vous avez abandonné quand, en réalité, l'ego utilise l'offrande comme une stratégie pour essayer d'obtenir ce qu'il veut. Vous pensez en réalité : « J'offre mon argent au Divin afin de pouvoir devenir riche. » Vous savez que vous êtes passé à la phase suivante lorsque vous n'êtes plus attaché à l'issue.

Je vais vous donner un exemple. Je parlais avec une amie qui est récemment devenue familière avec ces concepts. Elle se plaignait : « Tu sais, j'ai tellement de décisions à prendre en ce moment, j'ai l'impression que ma tête va exploser. Tout arrive en même temps. »

« Je vois *exactement* ce que tu veux dire, lui ai-je répondu. Mais tu connais l'offrande ! Pourquoi ne pas faire une liste et offrir chacun des poids que tu portes au Divin ? »

Elle a levé les yeux au ciel en me disant : « Oui, oui... je connais le principe de l'offrande. »

« Non, insistai-je quelque peu contrariée. Tu connais *l'idée* du principe, mais tu continues de penser que tu *es celle* qui porte tout. »

Elle est restée silencieuse un moment. Puis, elle a fini par comprendre.

Plus tard, elle me raconta qu'elle avait tout mis par écrit, puis qu'elle avait prié : *« Cher Dieu, aide-moi à définir les priorités. Indique-moi ce qui compte en premier, puis en second et ce qui ne compte pas du tout. S'il Te plaît, agis à travers moi et fais le nécessaire. Je ne peux pas m'occuper de tout cela ! »*

À peine avait-elle fait cela, qu'elle ressentit de l'espace et du soulagement.

Et voilà ! C'est ainsi qu'elle passa à la troisième phase.

Troisième étape

Dans cette étape, *je* n'est plus le centre de gravité de l'identité. Tout ce qui doit arriver se déroule sans que vous le « fassiez » sciemment. *L'Univers agit à travers vous* et l'issue ne vous regarde pas.

Inutile de porter un jugement ni de comparer ces phases. Elles sont comme des saisons qui se déroulent et qui, avec le temps, passent de l'une à l'autre. Il se pourrait que vous restiez dans la troisième phase la plupart du temps, mais que vous soyez entraîné de nouveau dans la première et retombiez dans une avidité excessive. En pareil cas, respirez et dites : « *Laisse-moi retourner à ce que je connais : tout est en réalité hors de contrôle et seul Dieu détient tout. Je peux lâcher prise en toute sécurité.* » Et vous reviendrez en phase trois.

Aparigraha : le lâcher-prise

Aparigraha est l'un des plus profonds secrets du *Flow* divin. Cela signifie « Laisse partir tout ce qui veut partir, et venir tout ce qui veut venir. » Plus les mains sont ouvertes pour recevoir, moins elles cherchent à s'agripper aux choses. Et cela, que nous parlions de se libérer de vieilles identités, d'objets personnels ou de cordes.

Aparigraha sait que la quête et l'attachement repoussent invariablement tout le bien qui souhaite advenir. C'est une porte vers l'abondance. Pensez au fait de chasser une plume. L'air que vous créez en tentant de l'attraper la chasse très loin de vous. Or, si vous restez immobile, il y a de fortes chances pour qu'elle atterrisse sur vous.

Dans ma vie, j'ai souvent eu l'impression d'un cours de rattrapage pour une classe que j'aurais manquée dans mes vies passées. (Oh, mon Dieu, allez-vous envoyer de nouveau cette fille à l'université *Aparigraha* jusqu'à ce qu'elle soit sur la bonne voie ?) Le Divin m'a plus d'une fois tapé durement sur les doigts, chaque fois que je me suis agrippée trop fermement à quelque chose. En définitive, j'ai fini par désirer coopérer.

Mais voici à quel point mon cas était grave. Lorsque que j'avais une vingtaine d'années, j'ai vécu un temps dans un immeuble à New York qui était dans un tel état de vétusté que l'eau gelait dans les conduits. Tous les autres résidents, dotés d'un minimum de bon sens, avaient quitté les lieux depuis plusieurs semaines. Terrifiée à l'idée de ne pas réussir à trouver un autre logement, j'étais la dernière à occuper les lieux. Un jour, l'eau a inondé la totalité de l'immeuble. J'ai tout perdu (vêtements, livres, meubles), uniquement parce que je ne pouvais concevoir qu'un autre point de chute m'attendait. Oui, j'étais fermement accrochée à cela. Si vous non plus ne parvenez pas à lâcher, j'espère que ce témoignage vous décomplexera.

Pour certains d'entre nous, apprendre à lâcher prise est une victoire durement acquise, alors que cela semble très naturel pour d'autres. Voici les histoires de deux personnes ayant compris instinctivement comment incarner l'*aparigraha.*

L'échec béni

Si exaspérants soient-ils, les imprévus tels qu'un nid-de-poule sur la route ou un détour sont une véritable bénédiction. Un jour, alors qu'un énorme orage venait d'éclater, j'ai foncé me réfugier dans une boutique de céramique à Berkeley et, en attendant que la pluie cesse de tomber, j'ai discuté avec le propriétaire.

Il m'a expliqué qu'il avait eu trois galeries et connu un franc succès, plusieurs années auparavant. Il était débordé et travaillait de six heures du matin à onze heures du soir.

En 1989, l'une de ses boutiques fut détruite dans le grand tremblement de terre de Bay Area. Les gens s'apitoyèrent alors sur son sort : « Quelle malchance ! Comme c'est triste ! » Mais, lui, remarqua qu'avec seulement deux magasins, il ne travaillait plus que de 8 heures à 19 heures. Sa vie était plus simple.

Quelques années plus tard, les gros incendies qui ravagèrent Oakland Hills réduire sa deuxième boutique en cendres. À ce moment-là, un ami lui dit : « Mec, je n'ai jamais vu quelqu'un d'aussi gentil que toi être maudit à ce point. La malchance te poursuit. »

Le propriétaire me dit alors en souriant : « Seulement, était-ce vraiment le cas ? » Car en réalité, avec désormais un unique magasin, il travaillait de 9 heures à 17 heures, chose qu'il n'avait jamais imaginée.

Bien entendu, à ce moment-là, il eut moins d'argent et dut vendre son immense maison. Mais sa femme et ses enfants étaient tellement heureux de pouvoir enfin passer du temps avec lui que cela ne posa de problème à personne. Ils déménagèrent dans une plus petite maison et vécurent, pour la première fois, comme une famille unie.

« Alors était-ce de la chance ou de la malchance ? », me demanda-t-il.

Je lui ai souri et j'ai regardé au-dehors.

Un arc-en-ciel diffus brillait à l'horizon.

Orange is the new black

N'est-ce pas étrange d'entendre « Ne lâche rien » quand le lâcher-prise est l'outil le plus important ? Pour une vieille âme, parfois, rien ne change jusqu'à ce que *vous* changiez. L'actrice Uzo Aduba, récompensée par un Emmy Awards, a failli abandonner son plus grand désir : jouer la comédie. Elle a finalement réussi à s'évader de sa prison d'attachement pour jouer dans des rôles différents.

Uzo jouait la pièce *Godspell* à New York et elle passait des auditions pour des pilotes d'une série télé, espérant percer. Sa vie était une succession de : *« Essaie, essaie, essaie »* suivi de *« Non, non, non. »* Un jour, au terme d'une audition décisive, elle était partagée entre le sentiment d'avoir bien jouer et la peur de ne pas être prise car elle était arrivée avec vingt minutes de retard. Elle se dit que, si elle n'avait pas le rôle, cet échec serait « l'univers de Dieu » qui lui dirait : « Ceci n'est pas fait pour toi, alors arrête d'essayer quelque chose qui n'est pas à toi. » Dans le métro qui la ramenait chez elle, elle a prié pour recevoir un signe clair lui indiquant d'abandonner sa carrière et de retourner en fac de droit. Elle lâcha prise complètement.

Trente-cinq minutes plus tard, juste après être rentrée dans son appartement, elle reçut un coup de fil. Elle venait de décrocher le rôle de Suzanne « Crazy Eyes » Warren dans la fameuse série *Orange is the new black*.

Vairagya : le détachement

Vairagya désigne beaucoup plus que le détachement. Cela signifie en réalité *« sans couleur »*, comme pour dire : « vous voyez clairement, sans aucune nuance d'émotion ni de désir. » Vous pouvez avoir des préférences, mais vous n'êtes pas à leur merci.

Souvent, les gens disent de façon désinvolte : « Eh bien, les choses sont ce qu'elles sont », alors qu'au plus profond d'eux-mêmes ils pensent : *« Mais mince ! Je déteste que ce soit comme ça et pas autrement. »* Cependant, *vairagya* est le stade dans lequel vous ressentez vraiment que vous *pouvez l'accepter*.

Cela fait partie de l'acceptation radicale. Toutes les couches de résistance disparaissent alors.

Vous pensez que c'est comme ça pour l'instant. Dans une heure, tout pourra être différent.

Le repas sacré

Lorsqu'un désir particulièrement intense a mijoté dans le bouillon de l'offrande, il se transforme en préférence. Ce processus est souvent très douloureux, car vous vous délestez de plusieurs vies d'attachement, de fantasmes et d'addictions. Vous avez l'impression d'être plongé dans un bain de térébenthine.

Toutefois, avec le temps, lorsque l'offrande est sincère, vous vous libérez de cette servitude. Vous vous attendrissez et lâchez prise. Vous vous sentez neutre et spacieux. *Vairagya* est là.

Vous savez que vous y êtes arrivé lorsque vous ne vous sentez plus entravé. Vous n'êtes plus un drogué en manque. Vous vous sentez enfin entier dans votre propre peau, avec ou sans ce désir.

Vous pouvez toujours aimer passionnément recevoir ce « petit quelque chose », mais vous n'êtes plus enragé ou démoralisé si vous ne l'avez pas. C'est souvent comme si la préférence pouvait enfin être reçue et dégustée comme… un repas sacré.

Seigneur, autorise-moi à T'offrir mes désirs les plus profonds, en Te faisant confiance pour savoir exactement comment y répondre. Indique-moi le chemin et libère-moi de mes chaînes. Et, s'il Te plaît, montre-moi, avant tout, combien je suis comblé(e) et libre.

Voici une histoire à propos de *vairagya.* Certains croient qu'ils s'apprêtent à emporter un grand succès, mais leur désir les étrangle comme un boa *constrictor* et *vairagya* leur permet de se libérer.

Personne n'est votre Source (pas même Oprah)

Il y a quelques années, après un cours de yoga *vinyasa*, j'ai rencontré un auteur que je connaissais. Après lui avoir demandé comment il allait, il a réfléchi, a souri et m'a demandé si je voulais entendre sa « tragédie littéraire ». Évidemment, j'ai répondu oui !

Il m'expliqua qu'il était sur le point de publier un important livre sur le yoga quand un ami lui proposa de le faire participer à une émission de *SuperSoul Sunday*, présentée par Oprah Winfre. Il était aux anges. Enfin, il allait être connu. Il imaginait déjà son nom scintiller sur les affiches.

C'est là que l'épreuve a commencé pour lui. Son entretien a été programmé, puis la date a changé, puis il a été de nouveau repoussé. Au final, l'auteur a été prévenu à la dernière minute et n'avait plus que 48 heures pour se préparer.

Il était scandalisé qu'Amazon® n'ait pas le temps de remplir ses bacs de son livre. Il supplia en vain qu'on lui donne une autre date. Il allait faire son « grand lancement » sans que son travail soit disponible.

Cela le plongea dans un tel désespoir qu'il se comporta comme un petit robot pendant l'émission. En riant, il me dit qu'il était sans doute le seul auteur à avoir été interviewé par Oprah sans n'avoir *rien* à lancer.

J'avais, de mon côté, une tout autre analyse. S'il n'avait pas eu les retombées qu'il espérait, n'avait-il pas reçu quelque chose de beaucoup plus précieux ? Après tout, il avait écrit un livre sur le yoga. Or, *yoga* signifie « attelé à Dieu » en sanskrit. Et si Dieu l'avait embarqué dans cette aventure pour qu'il atteigne le détachement (*vairagya*) ? Et si c'était l'une de ces expériences *taillées-sur-mesure-pour-sa-propre-liberté* ? Et si cela faisait de lui un véritable yogi et pas seulement un homme en quête d'aboutissement ? N'était-ce pas, enfin, pour lui, le moment de lâcher prise ?

Ressentez, puis offrez

Le détachement est parfois confondu avec de l'insensibilité ou le refoulement de ses sentiments. Or, ce n'est en rien un « contournement spirituel », ce qui reviendrait à ignorer la vulnérabilité de la nature humaine pour paraître évolué. Non, pas du tout. Cela signifie juste que vous devez ressentir, puis offrir.

L'autre jour, mon amie Loreen m'a dit combien son rôle de belle-mère de trois enfants la décevait. Pour l'aider, elle avait écouté un certain enregistrement à propos du détachement. Il était dit : « Coupez avec tous les mauvais sentiments et refusez de les assouvir. Enfermez-les dans un coffre-fort. »

J'ai ri et je lui ai demandé comment cela avait fonctionné pour elle. Elle a fait la grimace et m'a dit : « Terrible. Je suis furieuse. J'ai fait passer les besoins de tout le monde avant mes peurs et je reste quand même le bouc émissaire. Comment ai-je pu museler mes sentiments de la sorte ? Ne puis-je pas *avoir* de sentiments ? »

J'étais sincèrement d'accord avec elle et je lui ai suggéré de tout écrire et de brûler le papier, puis de faire tout son possible pour vraiment ressentir ces émotions. (Nous en avons beaucoup parlé durant la quatrième semaine.) Enfin, je lui ai conseillé de casser une noix de coco en offrande. En faisant tout cela, Loreen commença à réaliser qu'elle avait besoin de poser des limites beaucoup plus solides avec tous les membres de sa famille.

Vairagya vient quand vous possédez cette précieuse vulnérabilité de vos sentiments, puis que vous les offrez sans concession. Si vous vous contentez de cacher vos émotions dans une sorte de casier psychique, alors vous êtes assuré qu'ils exploseront plus tard, causant beaucoup de souffrance et d'incompréhension.

Les sentiments peuvent effectivement être éprouvés puis offerts. C'est cela qui amène le détachement... et les bonnes actions, au bon moment.

Ishvara Pranidhana : l'abandon

L'abandon est au cœur de l'abondance. Vous évoluez dans un flux joyeux dans lequel on donne et on reçoit. Vous vous laissez utiliser par le Divin. Alors que de véritables offrandes se manifestent, il devient de plus en plus facile de lâcher prise, parce que vous commencez à croire que vous recevrez toujours plus. Vous êtes passé de *« à moi... à moi... à moi »* à *« à Dieu... à Dieu... à Dieu »*. Et la différence est énorme !

Enfin, j'ai pu travailler à mon domicile.

« Ces onze dernières années, j'ai donné tout ce que j'avais pour suivre un programme afin d'apprendre à manifester et à chasser tous mes désirs. J'étais tellement épuisé que j'avais du mal à y voir clair. Mais le plus drôle est que je visualisais sans cesse un travail à domicile. Or, rien ne s'était jamais produit. Après un mois d'abandon et de pratique de la prière de transformation, la société dans laquelle je travaille m'a tout simplement proposé ce job. Même salaire, mêmes avantages, mais plus les deux heures de transport. Merci d'avoir expliqué tout cela de façon si pratique. »

Il est très facile de tomber dans l'autodénigrement et de se blâmer pour avoir « échoué à manifester ». Mais tout repose sur la pensée de la première phase, au niveau de l'ego. Apprendre, au contraire, à abandonner et à s'ouvrir à la Source permet souvent de résoudre le problème.

Avec le temps, le fait de réciter la prière de transformation pour la pleine abondance constitue une sorte de coussin divin qui vous tient et vous soutient. Vous n'êtes alors plus en chute libre et nombre de vos peurs s'évaporent. Vous commencez à croire que tout va bien aller pour vous, avec ou sans votre désir. Alors que la demande cesse, vous puisez dans la paix qui arrive. Vous sentez que chaque besoin véritable sera *vraiment* comblé, d'une manière ou d'une autre.

Une fois que vous avez fait de la place pour ce plan divin, vous n'avez plus besoin de vous cramponner à votre manière personnelle de faire, et vous commencez à dire : *« Dieu, montre-moi comment vivre ceci. Pour l'instant, laisse-moi au moins croire que Tu pourvois à tout. »* En ouvrant cette voie, la prospérité peut venir de sources inattendues et illimitées. L'Amour universel est beaucoup plus créatif que l'ego rigide, contraint et épuisé.

Difficile de lâcher prise.

« J'ai peur qu'en lâchant prise et en m'abandonnant au Divin, je n'obtienne pas réellement ce que je veux. »

L'une des idées reçues les plus répandues est de croire que le Divin est *séparé* de nous. Lorsque vous comprenez qu'en réalité vous abandonnez tout à votre Moi supérieur ainsi qu'à votre sagesse et votre lucidité, c'est tout à fait différent. (Cependant, comme vous l'avez appris au cours de la cinquième semaine, cela implique de devenir un parent qui s'engage auprès de son enfant intérieur.)

La vérité est que Dieu mène toujours la danse, que nous abandonnions ou pas. Lorsque vous choisissez de coopérer, un tout nouveau monde s'ouvre à vous.

Le Bigdil

Où est le plan de cours du Divin ?

« J'ai compris que nous apprenions de toutes expériences, mais certaines sont vraiment des défis ! Pourquoi le Divin ne nous envoie-t-il pas un plan de cours ou quelque chose dans le genre ?

Pourquoi est-ce que cela doit ressembler à un épisode de l'émission ***Le Bigdil***, où l'on doit imaginer ce qui se cache derrière la porte ? »

Tout le monde aux États-Unis se souvient de ce jeu télévisé. Je le regardais chaque jour en rentrant du lycée. Si vous choisissiez la bonne porte, vous pouviez gagner un ensemble de meubles pour votre salon, un congélateur rempli de glaces ou un bateau de ski nautique. Or, si vous êtes une vieille âme, les prix cachés derrière la porte sont : *aparigraha*, *vairagya* ou *ishvara pranidhana*.

C'est également le plan de la leçon. Si nous obtenions toujours instantanément tous nos désirs sur la Terre, nous n'aurions aucune motivation pour développer ces qualités sacrées.

Très souvent, les gens découvrent mon travail parce qu'ils ont remarqué que l'autre voie, celle qui consiste à désirer et convoiter, les a consumés et fait s'écraser telle une météorite. Cette destruction douloureuse est également une immense grâce. En effet, lorsque l'ego comprend enfin que vouloir contrôler et mener est une folie absolue, vous vous trouvez alors à un croisement sacré pour votre propre évolution.

Quelqu'un l'a dit un jour : « Les anges applaudissent tous lorsque nous lâchons prise. » Vous êtes enfin prêt à laisser agir quelque chose de plus grand que l'ego. Alors, une véritable intimité commence à se mettre en place avec le Divin.

C'est la voie vers la liberté, pas seulement parce que tous les désirs s'évanouissent, mais parce qu'ils se fondent dans les préférences et qu'ils ne vous *possèdent* plus.

Bien entendu, lorsque les choses deviennent difficiles, il est naturel d'avoir des préférences. L'autre soir, j'aurais nettement préféré que mon chat ne vomisse pas sa boule de poils dans le lit, à côté de moi, tout comme j'aurais préféré ne pas perdre cinq heures d'écriture lorsque mon Mac® a planté sans prévenir, la semaine passée.

Voilà comment les choses se passent : votre intention d'offrir supplante tout le reste, car l'âme cherche *résolument* la liberté. Oui, résolument. Cette merveilleuse voie sort tout droit des écritures anciennes. N'est-ce pas fantastique de savoir que cette route peut être suivie de nos jours, dans notre vie moderne (et pas seulement il y a dix siècles en Inde ou en Perse) ? Dieu est plus présent et disponible que jamais !

Alors, pourquoi ne pas regarder dès à présent votre vie, sans aucun jugement, et vous demander quelles qualités vous êtes en train d'apprendre à développer ? Quels joyaux de la couronne ? Tout ce qui vous viendra à l'esprit constituera votre cursus.

Par exemple, imaginons que vous veniez de perdre le travail que vous aimiez beaucoup. Cela pourrait être une chance pour *ishvara pranidhana*, c'est-à-dire une opportunité de vous soumettre à ce qui est. Vous n'avez pas à accepter la situation pour toujours, juste à cet instant précis. En vous ouvrant à la Source divine, quelque chose de supérieur peut ensuite arriver.

Par ailleurs, veillez à ne pas confondre ces trois joyaux de la couronne avec de la passivité. Maintenant que vous n'êtes plus attaché aux résultats, ces trois qualités vous apportent la capacité d'agir avec davantage de lucidité et de courage qu'auparavant.

La serveuse exaltée

J'ai pour théorie que beaucoup d'êtres parmi les plus évolués sur cette planète ne sont que rarement sous le feu des projecteurs. Ils sont juste des gens « normaux » qui vivent dans la joie, la dignité et parfois avec une précision digne d'un laser. Comme Carmina.

J'allais depuis longtemps dans un café dans lequel j'avais repéré cette jeune serveuse d'une vingtaine d'années. Dans l'ouragan matinal, face à toutes les commandes qui déferlaient, elle restait parfaitement stoïque et détendue. Un jour, un homme lui a hurlé dessus car elle venait de lui apporter du lait de soja au lieu d'un lait écrémé. Elle lui répondit très gentiment et sereinement. Hier, quelqu'un d'autre lui est tombé dessus et, une fois encore, elle a été un véritable amour. C'est une princesse-guerrière qui danse derrière le comptoir et qui jongle avec les tasses, la cannelle et la mousse de lait.

« Carmina, comment fais-tu ?, lui ai-je demandé. C'est difficile d'être serveuse. J'ai un ami qui a arrêté au bout de deux jours. »

Elle s'est mise à rire : « *Dios mio*, tu as raison, mais il y a quatre ans, j'ai compris comment cela fonctionnait. La seule chose que l'on puisse vraiment contrôler est nos réactions. J'ai donc décidé de devenir experte en contrôle et je pratique tous les jours. Les rencontres avec les plus grands *locos*[1] sont les meilleures séances d'entraînement ! »

Seigneur, permets-moi d'évoluer avec le Flow et de répondre calmement et paisiblement. Je suis tien(ne). Tu es mien. Nous sommes Un. Tout est bien.

Offrir revient à céder

Comme nous l'avons déjà évoqué, on confond souvent le fait d'abandonner avec la passivité ou le désespoir. Or, c'est juste la libération de l'attachement aux 500 euros pour le remboursement de la voiture, à un partenaire sans qui on ne peut vivre, au désir d'avoir un bébé… On ne peut pas offrir complètement sans abandonner. Vous donnez votre désir au Divin et dites en quelque sorte :

Aide-moi à croire que tous les besoins les plus profonds seront satisfaits. Laisse-moi emprunter ce chemin de liberté. Je Te donne même mes désirs les plus forts. Aide-moi à croire que Tu as un plan et que les bonnes actions vont arriver. Tu es ma Source pour tout.

Il arrive qu'une offrande se réalise instantanément. Parfois, elle se réalise plus tard et certaines fois pas du tout. Vous commencez à croire en ce processus.

1. Fous, en espagnol.

Vous dites au Divin : *« Prends-moi en charge et desserre mes mains. Que tout puisse être géré à la perfection. »*

À travers l'offrande, même le problème le plus anodin peut revêtir un caractère divin.

La bataille d'une mère

Sheila cherchait depuis longtemps à obtenir la garde exclusive de son fils et la bataille juridique ressemblait à une série de films d'horreur dont les titres pourraient être *Le mensonge*, *Le retour de l'ex volage*, etc. Depuis toujours, elle se voyait obtenir coûte que coûte et définitivement cette garde. Malgré tous ses efforts et les sommes astronomiques dépensées en avocats, la situation restait figée dans une ambiance tendue.

Elle commença enfin à offrir. Après tout, que pouvait-il y avoir de pire que de céder la chair de sa chair ? Elle dit alors : *« C'est mon fils, mais, en réalité, c'est celui de Dieu. J'offre tout au plan divin, je n'ai plus à Te dire comment faire. »* Elle était enfin capable de prier : *« Que cela puisse arriver pour le plus grand bien de tous. »*

Cet abandon était d'autant plus énorme pour elle qu'elle nourrissait toujours de la colère envers son ex et ne lui souhaitait rien de bon. Elle disait cependant : *« Je ne peux plus. Fais que tout cela se termine pour le meilleur. Cet enfant est celui de Dieu. »* Au début, cette prière était très mécanique puis, avec le temps, Sheila s'est mise à vraiment la ressentir.

Peu de temps après, son ex décida brusquement de retourner vivre en Allemagne, son pays natal, en lui disant : « Tu sais quoi ? Tu es vraiment faite pour être une maman et je ne suis pas fait pour être père. Tout ce que je voulais, c'était gagner. » Elle avait obtenu la garde exclusive, non pas en matraquant l'Univers avec ses désirs, mais en *lâchant prise* sincèrement.

Juste en lâchant prise.

Une vieille âme adolescente

Un jour, dans un magasin sur Chestnut Street, à San Francisco, j'ai surpris la conversation d'une maman au téléphone : « Oui, nous rentrons demain à L.A. ! Ce soir, nous allons organiser une dernière grande cérémonie sur la plage et faire comprendre à l'Univers ce que nous voulons pour notre *business* ! Nous allons attirer ce premier acompte pour le bungalow ! Si nous vibrons tous à la même fréquence et suivons ce protocole, nous allons *provoquer* les choses. Nous sommes puissants. J'ai hâte ! »

J'ai alors regardé son adorable fille adolescente. Elle avait les cheveux plaqués sous une casquette de baseball mise à l'envers et venait de lancer un long soupir bruyant et exaspéré après avoir entendu cette litanie qu'elle connaissait sans doute déjà *in utero*.

« Euh, maman, dit-elle en levant les yeux au ciel et en secouant ostensiblement la tête, et si l'Univers avait juste un autre plan que le tien ? »

J'ai rigolé et la fille m'a adressé un sourire malicieux en levant le pouce. Je me suis alors surprise à penser : « Voilà ce qui arrive quand l'enfant est en réalité le plus sage de la famille. » Certaines vieilles âmes sont nées avec le sens inné de l'abandon mais, pour nous autres, c'est grâce à des prières dévouées et à des offrandes répétées que nous arrivons aux mêmes résultats.

Alors, continuez !

SEMAINE 7

NON, VOUS N'ÊTES PAS FOU, VOUS PASSEZ UN TEST

« Effondrez-vous afin que les fleurs sauvages puissent repousser là où vous vous trouvez. Vous avez été en pierre depuis de trop nombreuses années. Essayez quelque chose de différent. Cédez. »

– Rûmî

Un jour, dans un *fortune cookie*[1], j'ai trouvé ce message : « À travers le dessein de Dieu, tu passeras l'examen impérial. » Je me suis demandé ce que signifiait ce présage. L'ami qui partageait mon dîner a eu « La chance pointe à l'horizon ».

Au cours du processus pour laisser le Divin mener, vous êtes testé. Très souvent. Parfois même jusqu'à défier votre santé mentale. Pas de façon punitive, mais comme si l'Amour universel vous disait : « Cette compréhension spirituelle est-elle réelle ou n'est-elle pas juste une idée séduisante ? »

Une histoire zen à propos d'un groupe d'étudiants partis bâtir un pont l'illustre parfaitement. Au terme de la construction, leur professeur saute aussi fort qu'il le peut sur le pont afin de vérifier qu'il ne risque pas de s'effondrer. Très souvent, Dieu fait la même chose.

1. Biscuit chinois dans lequel est caché un présage.

Il teste la solidité du pont avant de vous laisser traverser et passer à autre chose. Lorsqu'il m'a testée, je savais que le Divin voulait s'assurer que mes actes allaient suivre mes paroles, ce qui n'avait pas toujours été le cas dans mes vies antérieures. Or, à cet instant précis, j'étais convaincue de la pertinence des mots chantés par Cheryl Lynn dans les années 70 *« Got to be real »* (« *Ce doit être réel* », NDT).

Maintenant que vous avancez seul en suivant les étapes vers l'abondance, vous pouvez voir surgir des miracles de partout, tels des pissenlits en été. La prospérité peut, en effet, se déverser à des endroits inattendus. Quelqu'un vous offre soudain un pull-over de votre couleur préférée ou des billets gratuits pour un concert auquel vous rêviez d'assister. Cela peut réellement se dérouler de la sorte. Cependant, puisque vous avez invité Dieu à tenir les rênes, vous pouvez aussi avoir à vivre une tout autre expérience.

Vous pourriez avoir des pertes éphémères pour tester votre foi dans le *Flow*. Bien que vous vous sentiez désormais positif et rasséréné, vous pourriez malgré tout trouver que l'argent reste toujours aussi insaisissable. En effet, lorsqu'ils sont testés, beaucoup sont naturellement en colère, démoralisés ou frustrés. Si un désir est bloqué ou si une voie prometteuse ne s'ouvre pas tout de suite à eux, ils peuvent même se sentir trahis. Tout ceci est cependant fondé sur le postulat erroné que tout désir doit toujours être instantanément comblé. Or, d'un point de vue spirituel, les tests sont souvent là pour construire *aparigraha* et *vairagya*.

Si vous vous appliquez à suivre les étapes, vous serez convaincu dans vos tripes que *ce n'est pas votre argent*. Vous le saurez au plus profond de votre Être, et non comme une idée lumineuse que vous lanceriez lors d'un cocktail pour impressionner la galerie.

Une fois que ceci commence à se produire, tenez-vous prêt ! Vous vous libérez alors totalement de ce souci d'argent constant qui mine la plupart des gens. Parce que, voyez-vous, c'est *cela* l'objectif final. Si votre situation intérieure ne coïncide pas encore avec votre situation extérieure, ne vous inquiétez pas. Il peut encore se passer beaucoup de choses entre aujourd'hui et la fin du processus, sans parler des mois et des années à venir.

Le leurre divin

L'un de mes concepts favoris est celui du leurre divin, pour la bonne et simple raison qu'il a réussi à m'égarer plus d'une fois. Cela arrive souvent lorsque l'on coupe avec quelque chose auquel nous sommes attachés, que ce soit une relation, une maison, des vacances. Souvent, les gens sont furieux : « Seigneur, Tu as fait comme si ce job était l'emploi rêvé pour moi. Je me suis préparé et rendu, parfois loin, à sept entretiens, pour finalement m'entendre dire non. Pourquoi joues-Tu avec moi ? Tu penses sérieusement être un Dieu de l'amour ? »

Or, tout ce qu'il y avait à faire était de lâcher prise. Par conséquent, si l'un de ces leurres se présente sur votre chemin, ne croyez pas que l'histoire soit terminée. Contentez-vous de revenir dans l'ordre divin et dites-vous que Dieu a déjà sélectionné ce qui est bon pour vous et que vous serez guidé au bon moment et de la bonne façon. Dans le monde de la Source divine, vous ne pouvez pas *louper* ce qui est à vous.

Le leurre est comme un entraînement avec des poids dans la salle de gym *aparigraha*. On vous envoie quelque chose d'attrayant pour voir si cela vous distrait. Chaque fois que vous parvenez à ne pas vous attacher ou à ne pas en être obsédé, vos muscles du détachement se renforcent.

Bien entendu, au début, lorsque l'ego est déçu, vous pouvez penser « Oublie cette histoire de Dieu. Cela ne marche pas », mais avec le temps, le muscle *aparigraha* se développe et vous cessez de tomber dans le panneau du leurre. Vous apprenez naturellement à garder les mains ouvertes pour recevoir. Vous savez que si un itinéraire est sans issu, un autre s'ouvrira bientôt à vous. Vous voulez ce que Dieu veut.

Passons maintenant à trois autres outils précieux pendant les tests. En pratiquant, vous commencez à sentir votre pouvoir intérieur se développer et votre foi en le *Flow* s'approfondir.

Priez pour avoir du courage

Pendant le cours, de nombreuses personnes ont demandé comment trouver le courage, que ce soit pour mettre un terme à une relation liée à l'argent ou pour quitter un travail dans lequel elles se sentaient sous-évaluées ou mal considérées. Puisque ce processus consiste à laisser l'Amour universel vous transformer, le courage peut venir au travers de la prière et de la Grâce. La confiance divine s'épanouit tellement différemment de l'impétuosité de l'ego. Elle est d'un calme extraordinaire. Elle peut être modeste et humble, sans faire parler d'elle. Avec le temps, la confiance divine devient votre alliée permanente, le Divin la cultive en vous et la fait fleurir comme un jardin sauvage et parfumé.

Vous êtes empli de force, d'inspiration et de la conviction *de faire ce qui doit être fait*. Comme je le fais moi-même, vous pouvez utiliser ceci, soit pour la plus insignifiante des tâches (comme passer un coup de fil pénible), soit pour quelque chose de beaucoup plus important (comme abandonner sa carrière).

Vous priez :

Seigneur, prends-moi en charge et fais ceci à travers moi. Si Tu souhaites que cela soit fait, parle à travers moi, agis à travers moi. Je suis à Toi seul.

En faisant cela, vous demandez expressément au Divin de prendre les commandes.

Cette approche est nettement différente de la claque que l'on se donne pour trouver la motivation. Je dois reconnaître que lorsque j'entends des personnes se houspiller : « Allez, dépêche-toi de t'habiller, et fais-le ! », je ne peux m'empêcher de lever les yeux au ciel. Comme vous pouvez le constater, il y a une tout autre façon de faire, qui est moins agressive.

Je souhaiterais avoir ma propre affaire.

« J'ai un travail à mi-temps, et des migraines à plein temps, car j'ai peur de ne pas trouver d'autres moyens de gagner de l'argent. Par-dessus le marché, j'ai un sens de la loyauté qui m'empêche de partir. Mais en vérité, je souhaiterais aller de l'avant et avoir ma propre affaire pour la faire fructifier. Je rêve de pouvoir simplement dire *« Adios ! »* Pouvez-vous m'aider en ce sens ? »

La première chose à faire est d'offrir votre travail actuel au Divin : *« Si j'ai encore quelque chose à apprendre ici, fais que ce soit clair. Mais si je m'accroche par peur, alors donne-moi le courage de m'en aller et indique-moi le bon moment et la façon de m'y prendre. »*

J'ai fait des prières de ce genre avec des personnes qui ont parfois démissionné le lendemain. Mais si le moment n'est pas encore venu, vous serez arrêté, car l'offrande n'a rien à voir avec le fait de forcer une décision.

Vous donnez simplement à Dieu la place dont il a besoin : *« Montre-moi les bonnes actions. Si, pour l'instant, je dois encore être patient, alors empêche-moi de partir, mais si cela s'impose depuis longtemps, fais que je sois prêt ! »*

En renforçant votre ancrage dans la Source divine, vous vous rappelez que l'Amour universel peut utiliser n'importe quoi pour vous soutenir. Votre emploi actuel n'est pas votre Source. Seul Dieu l'est. Votre prochaine source de revenus est déjà choisie et vous serez guidé pour la trouver.

Pour ma part, je me suis trouvée dans des situations où je sentais que Dieu m'avait attrapée par la peau du cou pour m'en extirper. À plusieurs reprises, j'ai su que si je n'avais pas été remise de force dans cette voie divine, je serais sans doute restée obstinément accrochée à une situation, quitte à y laisser ma peau (souvenez-vous de mes canalisations gelées !).

Si vous vous entêtez, votre ego peut vous laisser ancré quelque part pendant longtemps, bien trop longtemps. Vous pouvez alors vous dire « Je déteste ça, mais c'est tout ce que j'ai. » En revanche, si vous commencez à dire à Dieu *« Toi seul es ma*

Source pour tout », alors vous savez que l'argent pourra venir de n'importe où.

D'ailleurs, si vous recevez la réponse « Pas encore », ne paniquez pas. Il se peut que davantage de temps soit nécessaire pour que les choses adviennent. En attendant, vous pouvez prier pour avoir de la patience. Pendant que vous y êtes, les prières pour l'acceptation, la confiance et l'aisance sont également indiquées.

Bien que je ne sois pas religieuse au sens conventionnel du terme, certains passages de la Bible me touchent profondément. Comme cette phrase qui résume le cœur même de l'offrande : *« Ne t'appuie pas sur ta sagesse »* (Proverbes 3 : 5). Dieu est tel un séquoia robuste sur lequel vous pouvez vous reposer.

Je me sens de nouveau pleine de courage.

« Durant des années, j'ai été gouvernée par la peur et la procrastination. Pendant ce programme d'abondance, j'ai prié pour faire face à l'une comme à l'autre. Je me suis fait retirer mes plombages au mercure en disant : *"Divin, je T'offre mes plombages des années 70."* J'ai nettoyé ma maison en annonçant : *"Seigneur, voici une centaine de livres dont je n'ai plus besoin. Partage-les avec d'autres, comme Tu le souhaites."* J'ai même demandé à mon mari de réaliser un nouveau site Internet pour mes créations artistiques. Il a fait du super boulot, sans un mot plus haut que l'autre. Rien que cela était un miracle. Quelle bénédiction de me sentir de nouveau pleine de courage ! »

Une partie de l'objectif est de renouer avec votre sagesse, votre curiosité et votre courage intérieurs, reçus du Divin. Vous donnez les pleins pouvoirs à votre intuition pour qu'elle reprenne les rênes. Vous vous détachez de votre ego qui vous impose de vous dépêtrer de chaque fichu problème par vous-même. (Vous ressentez toute la fatigue que cela induit ? Je suis sûre que oui.)

À la place, vous devenez l'allié de l'enfant intérieur auquel on a inculqué une telle exigence. Vous calmez cet esprit enfiévré qui a peur d'attirer le mal quand il fait une erreur. Peu à peu, Dieu vous prend en charge. Après un long hiver, le courage divin commence à éclore.

Méditation pour trouver le courage

Concentrez-vous quelques instants sur votre respiration. Inspirez calmement l'énergie et expirez toute crainte ou peur.
Imaginez que vous êtes en pleine nature, dans un endroit merveilleux. Vous pouvez être au bord de l'océan ou en pleine forêt ou dans un autre lieu qui semble vous faire du bien, avec un climat qui vous plaît. Si vous aimez le soleil, laissez-le briller. J'aime le vent, j'imagine donc une journée venteuse.
Vous pouvez ensuite prier cette force de l'Amour qui englobe tout, y compris vous. Vous pouvez dire : « Je suis prêt(e). Emplis-moi de courage divin. Emplis-moi de confiance divine. Donne-moi la capacité d'agir quand il est temps d'agir et donne-moi la patience quand il est temps d'attendre. Emplis-moi de foi. Emplis-moi de confiance. Laisse ces divines qualités venir à moi. » Vous pouvez également ouvrir vos mains vers le ciel et dire : « Je suis prêt(e). Emplis-moi de Ta confiance divine. Puis-je apprendre à écouter mes vrais besoins plutôt que l'opinion des autres. Puis-je écouter Ta voix divine. »
Pendant un moment, ressentez l'énergie se déverser en vous. C'est votre droit depuis votre naissance. Vous pouvez prier pour qu'elle soit disponible dès que vous en avez besoin.
« Emplis-moi de courage et de confiance. Libère-moi de la prison de mon petit Moi et laisse les bonnes actions survenir au bon moment. »
Il se peut que, dans le même temps, vous entendiez quelques mots à l'intérieur de vous.
Puis, lorsque vous vous sentez prêt(e), revenez lentement à l'instant présent. Prenez un moment pour consigner par écrit ce que vous avez vécu.

Suivez votre intuition

Apprendre à suivre le fil de son guide intérieur est une partie importante de notre processus. Cela s'applique en toute chose, importante ou pas, comme vous le verrez dans l'histoire qui suit.

Il y a plusieurs années, je faisais partie d'un groupe spirituel qui véhiculait tout un lot de diktats à propos de ce qui était « dharmique[1] » et « approprié », de la musique à l'habillement en passant par la nourriture. Chaque jour, nous nous tordions comme des bretzels pour essayer de rentrer dans le moule qu'on nous imposait. J'ai pu me rendre compte alors que rares sont ceux qui écoutent ce dont leur propre âme a réellement besoin. C'est sans doute la raison pour laquelle je crois maintenant dur comme fer que la vraie direction vient de l'intuition divine qui brille dans nos cœurs.

L'un des millions de principes édictés par le groupe était de ne jamais porter de noir. Une jupe ou un pantalon noirs pouvaient être tolérés de façon occasionnelle, mais rien de plus. Nous étions prévenus sur un ton lugubre et dramatique que « Le noir assombrit le cœur. »

Le Capricorne ultra-responsable que je suis a immédiatement laissé tomber tous ses vêtements noirs tant aimés (vêtements qui, pour une ancienne New-Yorkaise, représentaient au moins la moitié de ma garde-robe). J'avais le cœur brisé.

Environ un an plus tard, à New York, j'ai vu un groupe de prêtres zen en toges noires dans le métro. Je me suis alors soudainement réveillée de mon somnambulisme obéissant : « Oh mon Dieu, mais c'est ridicule, j'adore le noir ! C'est pour moi une couleur protectrice et spirituelle. Est-ce que tous ces prêtres ont, eux aussi, le cœur sombre ? » J'ai éclaté de rire face à toute cette bêtise.

Oh, Seigneur, réveille-moi de cette vie dans laquelle je suis un mouton spirituel. Puis-je T'entendre à travers mon intuition et mon sens commun.

1. Dharmique renvoie à ce qui se rapporte aux spiritualités et aux religions indiennes : bouddhisme, hindouisme, jaïnisme, sikhisme.

En m'achetant un nouveau lot de vestes et de tee-shirts noirs branchés comme je les aime, je chantais presque de soulagement. C'était vraiment *moi*, telle que Dieu m'avait conçue. Vous *savez* quand votre âme est heureuse. Vous n'avez pas besoin de quelqu'un d'autre pour vous le confirmer.

Le chemin qui mène chaque personne vers le Seigneur intérieur est extraordinaire et personnel. Tout comme il est libérateur d'écouter à l'intérieur de nous et de sentir à chaque instant ce dont nous avons besoin. Il y a un caractère unique en vous, impétueux et sauvage, qui peut être honoré. Ce qui est poison pour une personne peut s'avérer le meilleur des remèdes pour une autre.

En fait, votre enfant intérieur vous guidera souvent directement vers ce qui vous met en joie. Ayez confiance en vous.

Un très mauvais conseil

Presque tous les lundis, je me rendais très tôt à Berkeley pour un cours de yoga. À cette heure matinale, il y avait généralement beaucoup de places libres sur le parking mais, un jour, toutes étaient prises. Il restait cependant de nombreuses places en zone jaune. En me garant, quelque chose en moi sonna l'alarme : « Et s'il était interdit de se garer ici à partir de 8 heures et non 9 heures comme sur les autres places ? » Je priai pour recevoir un signe.

Au même moment, un homme à lunettes aux airs de premier de la classe passa à côté de moi. Je lui demandai : « Excusez-moi, est-ce que je peux me garer jusqu'à 9 heures sans payer sur les places jaunes ? »

Il leva les yeux au ciel : « Bien sûr, vous pouvez ! Tous les parcmètres commencent bien à partir de 9 heures, non ? Pourquoi les places jaunes devraient-elles être payantes plus tôt ? » Je l'ai donc écouté. Quand je suis revenue, j'avais 59 dollars d'amende.

J'aurais pu être tentée de m'adresser directement au Divin en ces termes : « Dieu, pourquoi m'as-Tu induite en erreur ? Je T'ai demandé de l'aide et dans tout Berkeley, Tu n'as trouvé que cet imbécile à m'envoyer ? » Mais au lieu de cela, je savais que tout était parfait. Mon propre *corps* m'avait prévenue de *faire attention*.

La réponse que m'a faite ce type symbolisait toutes les fois où j'avais repoussé mon pressentiment pour écouter les réponses nulles des autres. On venait de me rappeler que l'intuition est toujours là pour nous guider. Si vous sentez que quelque chose ne va pas, c'est que tel est souvent le cas.

Comme vous le savez à présent, tout argent est celui de Dieu. Il n'y a donc aucune perte ni aucun gain, du moment que vous offrez et ne restez pas coincé dans une situation. J'ai alors laissé tomber l'affaire. La semaine suivante, je recevais un chèque de 60 dollars en règlement de livres que j'avais vendus deux années plus tôt.

Chaque chose en son temps

Ce qui nous attend est tellement colossal que l'esprit n'est pas forcément prêt à le concevoir. Il n'est pas nécessairement le meilleur des guides, il est même souvent celui qui sème la confusion.

Lorsque vous offrez, souffle après souffle et instant après instant, le corps lui-même indique la bonne action à suivre. Le tiraillement intérieur – ou *spanda* – est toujours là, influencé par l'intuition. Vous vous sentez alors entraîné pour commencer ou pour arrêter, pour aller ici ou là. Pour suivre cet élan, vous devez toutefois rester dans le présent et ne pas vous éloigner trop loin du *Flow*. En prenant votre temps, vous commencez à croire qu'il n'arrivera rien d'autre que ce qui doit advenir, à chaque instant. Au besoin, la Grâce fera le reste d'une façon miraculeuse et secrète.

Veillez aux signes

Le Divin interagit avec nous en grande partie à travers les signes et les présages. Commencer à y prêter attention peut être très amusant. Ouvrez les yeux et cherchez les indices qui confirmeront que vous êtes sur la bonne voie. Et si vous vous égarez, on vous indiquera certainement comment retrouver votre chemin.

Des oiseaux terrestres et des branchages

Dans son livre *Le jeu de la vie et comment le jouer*, Florence Scovel Shinn décrit comment Christophe Colomb, avant d'avoir vu l'Amérique, aperçut des oiseaux terrestres transportant des branchages, lui indiquant ainsi que la terre était proche. Elle remarque que c'est la même chose lorsqu'un problème est adressé au Divin. Un premier signe arrive pour vous signaler que votre prière a été entendue. Cependant, il est très facile de le prendre à tort pour le signe de son accomplissement.

Florence donne l'exemple d'une femme qui a besoin d'un service de vaisselle et qui offre son désir au Divin. Peu de temps après, un ami lui donne une vieille assiette fêlée. La femme se plaint en disant que c'est très loin de ce qu'elle avait demandé. Or, pour Florence, c'était idéal. Cette assiette cassée était le présage de ce qui allait arriver de bon à cette femme.

Le fil d'Ariane

Yasmeena travaillait dans le département Design d'une compagnie. Elle rêvait de retrouver ses racines et son métier d'artiste. Elle n'avait pas beaucoup d'économies et ne voulait pas tout quitter sur un coup de tête pour le regretter ensuite. Elle offrit sa situation et pria pour obtenir un signe.

Elle se trouvait sur un marché de producteurs quand une femme lui demanda : « J'ai entendu dire que vous peigniez des portraits. Avez-vous du temps à m'accorder ? » Yasmeena était aux anges. Seuls quelques amis connaissaient son talent. C'était le signe qu'elle avait demandé : « Développe ton activité en tant que peintre. »

À partir de cette toute première demande, Yasmeena s'est sentie invitée à créer un site Internet et à poster son travail sur Instagram. La femme rencontrée sur le marché devint sa bonne fée en parlant de son travail à de nombreuses personnes autour d'elle. Rapidement, Yasmeena put réduire son travail en entreprise à un mi-temps. Elle avait l'impression que le Divin lui disait : « Détends-toi. Pour l'instant, contente-toi d'être là où tu es. Une fois que tu auras développé ton travail personnel, tu sentiras qu'il est temps de quitter ton emploi. » Ce qu'elle fit un an plus tard.

Le Divin vous montrera les détails de son plan, mais seulement après que vous aurez arrêté de considérer votre emploi actuel comme votre Source.

Ceci est maintenant à Toi. Fais que ce soit clair pour moi. Si je dois partir, donne-moi le courage nécessaire et montre-moi la voie.

L'arme secrète

Yushiko était une avocate générale émérite, connue pour gagner les affaires les plus difficiles. Cependant, un dossier traînait depuis longtemps et, quoi qu'elle tente, elle ne parvenait pas à trouver la solution. Yushiko se sentait totalement vaincue.

Un soir, à bout de souffle, elle commença à prier de tout son Être. Et laissez-moi vous dire que cette nana, sorte de *Wonder Woman* autodidacte, n'était pas du genre à prier ! Mais il ne lui restait que deux jours avant la prochaine audience et elle n'avait vraiment rien à perdre.

Soudain, sans raison, Yushiko se sentit attirée vers l'un des nombreux énormes tomes du Code pénal sur l'étagère. Elle ferma les yeux, ouvrit le livre et laissa tomber son doigt sur la page. Lorsqu'elle regarda ce qu'il pointait, elle se mit à pleurer : elle avait sous les yeux le seul argument qui lui avait échappé depuis quatre ans. Yushiko gagna le procès. Temps fort de sa carrière.

Prier, se libérer d'un poids et l'offrir, c'est un peu comme accéder à de véritables superpouvoirs. Pourquoi ne les utiliseriez-vous pas ?

Demandez de l'aide

Même si l'on a tendance à l'oublier, il est parfois nécessaire de prier pour demander de l'aide. Un jour, alors que je me trouvais sur l'autoroute I-880 en direction d'Oakland, je me suis retrouvée derrière une voiture arrêtée. Même en ayant sorti le bras pour faire signe aux automobilistes de me laisser changer de voie, personne ne s'arrêtait. J'essayais de ne pas paniquer face aux voitures qui me doublaient à pleine vitesse.

J'ai fini par me rappeler qu'il fallait demander : *« S'il Te plaît, je T'en prie, envoie-moi la personne qui va me libérer. »* Un instant plus tard, un camionneur ralentit et me fit des appels de phares. Je n'avais qu'à demander ! Ne vous rendez pas malade si jamais vous oubliez. Cela m'a pris environ dix minutes pour m'en souvenir.

Divin, permets-moi de toujours accepter la bonne assistance. J'accueille Ton aide sous quelque forme que ce soit et me réjouis de La recevoir.

Honorez l'horloge cosmique

Les gens se sentent généralement mis à l'épreuve lorsqu'ils ne suivent pas le *timing* édicté par l'ego.

Pendant trente ans, j'ai mené des séances de psychothérapie avec des correspondants du monde entier. J'ai fini par me sentir à l'étroit dans ce rôle et j'aspirais à écrire et enseigner, comme je le fais aujourd'hui.

Ce qui est amusant c'est que l'université ne semblait pas vouloir entendre que ma petite personne ait besoin de changement. Toutes mes tentatives restaient infructueuses et j'avais encore cinq ans à tirer dans cette fonction. Je faisais cours à des classes invariablement incomplètes et mes programmes étaient ignorés par mes élèves. Ce n'était tout simplement pas le bon moment. Ces dernières années, j'avais l'impression de ramper sur du sable brûlant et me faire grignoter les doigts de pieds par des scorpions !

Bien que ce désir de tout quitter ait grandi en moi pendant des années, j'ai compris, quand j'ai enfin été « autorisée » à arrêter, que toute cette attente m'avait en réalité préparée à un tournant majeur.

Quand ce processus d'abandon semblable à une lente agonie arriva à son terme, mon travail appartint définitivement à Dieu. Je pouvais vivre ce que j'enseignais. Je veux dire par là : comment peut-on enseigner aux gens le lâcher-prise quand on n'est pas soi-même capable de le faire ?

Quand le moment arriva, Dieu ouvrit les portes en grand. Les ventes de mon livre *S'offrir le bonheur d'exister* : *laissez le divin ouvrir la voie* décollèrent et les gens commencèrent à vouloir suivre les cours qu'ils avaient allègrement ignorés jusqu'ici. Le feu était passé du rouge au vert. Il était temps de démarrer.

Dites au Divin que vous souhaitez quitter votre job pour suivre votre voie. Offrez-Lui ce vœu : *« Toi seul connais l'échéance. Tu connais la voie. »* Peut-être qu'après cela, le changement viendra plus vite que vous ne l'imaginiez. Toutefois, vous pourriez aussi être tenu en échec pendant un temps, comme cela a été le cas pour moi. Peut-être piafferez-vous d'impatience pendant que se trame en secret un changement encore invisible, mais crucial pour vous.

Si vous regardez le calendrier des choses avec les lunettes de l'ego et à travers le prisme de la loi de l'attraction, alors vous pouvez penser : « Je continue de le visualiser... je continue de le marteler à l'Univers. Je continue de dire ce que je veux et malgré cela, ces fichues portes ne s'ouvrent toujours pas. Je dois avoir besoin de plus de séances de coaching. »

Cependant, une naissance spirituelle programmée par le Divin est totalement différente. Vous Lui offrez la situation dans sa globalité : *« Tu connais mes talents. Tu connais mes aptitudes. J'ai hâte de pouvoir servir. Si Tu veux que ce changement ait lieu, merci de m'indiquer les premiers pas à suivre. »*

Ceci n'a rien d'un vœu pieux, ce n'est pas être dans la passivité ni espérer le meilleur. C'est en réalité beaucoup plus concret. Vous vous libérez d'un poids et demandez à ce que l'on vous montre la voie. Si aucune instruction ne vous est transmise, que ce soit de façon extérieure ou au travers du *spanda* intérieur, alors il se peut que vous vous trouviez dans l'atelier du Divin, en train d'être préparé au changement. N'ayez crainte, lorsque viendra le moment de passer à l'action, vous agirez ! Certaines fois, ce moment d'attente est une sorte de repos avant l'action, car une fois que le moment arrive, vous tournez ensuite à plein régime !

Au cours des deux dernières années durant lesquelles j'ai animé des sessions, je me sentais *profondément, totalement, terriblement* crevée. Toutefois, l'Univers a su m'ouvrir les portes. Quand le moment est arrivé, les grandes mutations se sont presque déroulées du jour au lendemain.

Même si le passage vers la nouveauté prend un peu de temps, cela ne signifie pas pour autant que vous fassiez quoi que ce soit de mal. Contentez-vous de continuer d'offrir.

Le gâteau qui cuit

En appliquant ce principe, les décisions se prennent d'elles-mêmes, quand le moment est venu. Lorsque vous avez un doute, la meilleure chose à faire est parfois de rester là où vous vous trouvez, même si vous êtes dans la confusion la plus totale.

La situation est juste en train de mijoter.

Si vous rencontrez obstacle après obstacle, prolongez un peu la cuisson. Ce qui vous paraît, aujourd'hui, une énorme prise de tête vous semblera plus tard aussi savoureux qu'un gâteau. D'ailleurs, voudriez-vous manger une bouillie encore gluante ? Attendez. Plus tard, ce sera délicieux. Tout simplement parce que ce sera *prêt*.

SEMAINE 8

ÊTRE LA ROUTE DE L'ABONDANCE

« Pas besoin de connaître la voie.
La voie connaît la voie. »
– Anonyme

Comme toute plante dans un jardin, chaque personne éclot à un rythme qui lui est propre et qui diffère de celui des autres. Sous trois à six mois, vous allez peut-être vous dire : « Waouh ! Je ne me stresse plus sans arrêt au sujet de l'argent. Je crois maintenant que, d'une manière ou d'une autre, ce qui doit advenir finira par arriver. Je n'ai pas peur d'être généreux. Je ne me harcèle plus pour les problèmes d'avant. »

Au cours de cette huitième semaine (et aussi longtemps que nécessaire ensuite), de vieux schémas vont continuer de se dissoudre et de disparaître. C'est un peu comme les glaçons que l'on sort de ces vieux bacs en plastique rigide. Au début, vous devez tordre le récipient de droite à gauche, puis de haut en bas pour arrivez péniblement à en faire sortir un. Puis, en continuant vos manipulations, la glace fond légèrement et, d'un coup d'un seul, de nombreux glaçons se libèrent.

Dans le processus d'abondance, les étapes sont similaires. Avec du temps et de la pratique, les schémas commencent à se débloquer plus facilement. Ce n'est pas parce que vous faites de plus gros efforts, mais parce que vous autorisez le Divin à prendre les commandes. Il devient alors naturel d'accueillir le *Flow*. Vous devriez voir vos finances évoluer considérablement et des opportunités se présenter de façon étonnante. La route n'est pas toujours droite, lisse et sans embûches, mais plus vous offrez, plus vous restez ancré dans la Source.

Offrir est vraiment la base. C'est à l'opposé de tout ce que l'on nous a appris et cela demande de la pratique. Et pour que cela se concrétise, le détachement doit tout simplement être l'aboutissement.

Si peu de temps, tellement à recevoir !

Il se peut que, pour la première fois de votre vie, l'état de vos finances s'améliore nettement ou que vous remarquiez que vous avez développé une plus grande capacité à recevoir. J'aime beaucoup la précision de la liste de cette femme (ci-après), car rien n'est trivial dans le monde du Divin. Tout peut être un signe avant-coureur du bien qui vous attend.

« J'ai reçu tant de réponses et de solutions ! »

« Tant de choses fabuleuses ont découlé de l'acte d'offrir, du fait d'avoir suivi ce cours et récité quotidiennement la prière d'abondance ! Tout s'est produit si vite et à une telle cadence, que d'établir cette liste est une démarche à la fois joyeuse et drôle :

– 20 dollars trouvés dans la poche d'un vieux manteau qui me suppliait de le porter.

– Encore 20 dollars découverts par quelqu'un qui m'a juré qu'ils venaient de tomber de mon cadeau de Noël.

– J'ai reçu de nombreux messages pertinents en écoutant des livres audio ou en regardant les publicités à la télévision.

– La neige est tombée précisément les jours où j'avais du travail à rattraper.

– Quelqu'un qui ignorait le mal dont je souffre m'a tendu un livre qui contient tous les remèdes dont j'ai besoin.

– Et, le plus incroyable, je n'ai ressenti aucune culpabilité à laisser tomber tous les vampires psychiques qui m'entouraient.

Cette liste n'est pas exhaustive, je pourrais continuer car je reçois énormément et je trouve ça bien plus plaisant que n'importe quel divertissement.
Des réponses et des solutions se présentent à moi en permanence, y compris dans les moments où il faut entendre (« pas encore » ou « pas besoin »). Je peux d'ailleurs difficilement me rappeler comment j'avançais et trébuchais dans l'obscurité quand que je n'avais pas encore inclus Dieu dans ma vie. »

« *Mon* » mord la poussière

Il est important de comprendre que l'abandon est une démarche intellectuelle, comme l'est la conscience de l'offrande dans la deuxième étape de la sixième semaine. C'est d'ailleurs une idée séduisante. Je me souviens avoir lu de nombreux livres spirituels qui disaient que nous *devrions* lâcher prise. Je pensais alors « Vraiment ? Mais comment ? On ne peut pas faire semblant. Lorsque notre ego veut quelque chose désespérément, comment faire ? » L'une des façons les plus fiables est de se libérer du « mon », ce qui vous hisse directement à la troisième phase du processus d'offrir.

Ce n'était pas "mon" atelier mais celui du Divin.

« Beaucoup d'ouvrages spirituels traitent de l'abandon mais, jusqu'à ce que je le vive, je ne comprenais pas du tout comment y parvenir. Je savais juste que je ne pouvais plus me rendre la vie aussi difficile.
À 40 ans, j'ai enfin trouvé mon but en informant les éducateurs des traumatismes dont peuvent souffrir les étudiants. Cependant, même en ayant été professeur pendant quatorze ans, je ne parvenais pas à prendre de rendez-vous avec les personnes décisionnaires dans les écoles. Vous m'avez aidé à voir que "mon" atelier devait en réalité être celui du Divin.
Je Lui ai donc tout offert en retour et je Lui ai dit que j'avais hâte de Le servir. Peu de temps après, j'ai trouvé une vidéo parfaite pour illustrer l'atelier. Je l'ai partagée sur Facebook® et, deux heures plus tard, une amie à qui je n'avais pas parlé depuis quinze ans m'a écrit. Elle était professeure principale et recherchait quelqu'un

qui parle de ce sujet précis. Moi qui ai toujours eu énormément de mal à faire des courbettes pour essayer de convaincre les gens, j'ai trouvé que tout s'était déroulé parfaitement et facilement. »

Certains coachs en entreprise conseillent : « Vous devez vous bouger, sortir et vous vendre. Faites de la prospection téléphonique et appelez une centaine de personnes par jour. Ne soyez pas fainéant ! » Vous écoutez comment vous devriez faire ceci ou cela, et vous pensez : « Je préférerais sauter du haut d'un pont. » Cette approche agressive peut être traumatisante et vaine pour de nombreuses personnes. Or, il existe une tout autre façon de passer à l'acte.

Vous offrez, au contraire, votre projet au Divin. Vous vous détachez de « mes ambitieux objectifs ou aspirations ». Vous arborez les joyaux de la couronne : *aparigraha*, *vairagya* et *ishvara pranidhana*. Vous dites : « *Seigneur, si Tu veux que cela se produise, alors ouvre la voie. Fais que les connexions se mettent en place. Permets à ceux qui ont besoin de moi de me trouver.* » Au bon moment, le merveilleux mouvement des synchronicités démarrera.

Et voici l'un des plus grands bonheurs et miracles de ce parcours. Lorsque vous commencez à offrir au Divin, vos propres besoins sont alors satisfaits. Vous servez la vie et celle-ci vous sert en retour. Évidemment, cela ne veut pas dire que vous ne rencontrerez plus aucun défi, mais vous recevrez désormais, de façon surprenante et bénéfique. Vous êtes inscrit dans le registre de comptes du Divin.

En donnant aux autres, c'est l'argent du Divin que l'on distribue.

« Ce concept d'être "inscrit dans le registre de comptes du Divin" a été, pour moi, une idée encore plus réconfortante que je ne l'aurais pensé. Quel merveilleux changement de paradigme ! J'ai enfin compris que l'on devient le régisseur du fonds appartenant au Divin. En payant les factures et en donnant aux autres, on distribue Son argent. C'est fantastique ! »

Maintenant, il se peut que vous soyez en train de vous dire : « Bon, j'ai presque terminé ce livre et, pour être honnête, je ne sais toujours pas vraiment si cette Source divine existe. Une partie de moi-même continue de penser que tout ça est bourré d'idées chimériques et de magie californienne. » Je vous comprends. C'est de bonne guerre. D'ailleurs, grâce à mes racines juives de la côte est, j'ai une affection toute particulière pour les cyniques perplexes. Néanmoins, voici ce que je vous suggère. À titre expérimental, essayez de dépasser l'endroit où votre esprit souhaite vous garder enfermé.

Revenez à l'offrande.

Vous n'avez absolument rien à perdre.

Bougez avec le *Flow*

Être sur la route de l'abondance (ou, pour être plus précise, devenir soi-même la route de l'abondance) repose en partie sur l'observation. Prêtez attention. Bougez avec le *Flow* d'un point à un autre. Comme vous le savez, Dieu peut utiliser n'importe qui et n'importe quoi ! Certaines personnes font parfois des choses en votre nom sans même savoir pourquoi. Parce que vous avez dit oui, Dieu prend les choses en main.

Depuis des lustres, j'avais besoin d'un nouvel iPhone®, mais je ne m'étais pas encore mise en quête d'en trouver un. Un matin, alors que j'attendais le ferry pour San Francisco, mon téléphone est tombé et l'écran s'est brisé en mille morceaux. J'étais presque soulagée d'être ainsi obligée d'en acheter un nouveau.

Je suis allée chez AT&T®, mais, au moment de payer, le vendeur que j'avais jusque-là trouvé génial s'est exclamé : « Non ! Je viens de décider que je ne pouvais pas vous vendre ce téléphone. Je ne peux pas vous expliquer pourquoi, mais vous devez aller chez Apple®. Croyez-moi. » Il était tout aussi ahuri en me disant cela que je pouvais l'être en écoutant ses mots.

La logique aurait voulu que je sois outrée, que je me mette en colère et me dispute avec lui. Mais, pourquoi déranger ? Je me suis donc rendue chez Apple® et, au moment de me facturer 400 dollars, la vendeuse revient vers moi à la hâte et me chuchote à l'oreille : « Je pourrais être virée pour ça, mais n'achetez *pas, mais alors vraiment pas*, cet iPhone® ici ! Le même est soldé aujourd'hui à 149 dollars chez Best Buy®. »

Je l'ai serrée dans mes bras et suis allée chez Best Buy®. Eh bien, Source divine, tu m'as offert un nouveau téléphone pour 250 dollars de moins que prévu !

Des bagages légers

L'objectif principal de ce périple a consisté à vous alléger. Alléger le poids émotionnel hérité du passé que vous portez. Alléger le désordre de votre maison. Alléger votre collection privée de rancœurs voire de vengeances. En fait, vous alléger de *tout* ce qui entrave le *Flow*.

Une fois, je préparais mes valises pour un voyage à Guanajuato et San Miguel de Allende, mes deux villes préférées, perchées au sommet de montagnes mexicaines. Même si je ne suis pas le genre de fille à me trimbaler avec deux sèche-cheveux, j'avais tout de même une valise de taille normale, avec suffisamment de vêtements pour affronter les journées chaudes, les nuits froides et la pluie. Et quelques livres, aussi.

Dix minutes avant l'arrivée de mon taxi, je tire sur la fermeture Éclair® et c'est là qu'elle craque. *Fichue*. J'ai, bien entendu, traversé cette minute d'effroi en criant : « Non, mais c'est une blague ? Je n'ai plus le temps de tout remballer ! » Heureusement, forte de l'habitude d'offrir souvent, j'ai opposé peu de résistance et vite repris les choses en main en offrant tout cet énorme bazar au Divin. Alors que je reprenais mon souffle et respirais profondément, une pensée me vint : « Mauvais sac ! Prends le plus petit. »

Je n'avais plus le temps de réfléchir et, même si je partais pour quinze jours, j'ai attrapé mon bagage cabine. J'ai demandé à Dieu d'utiliser mon corps et de me montrer la marche à suivre. Mon cerveau s'est tu et mes mains ont plongé dans les affaires pour attraper des vêtements et les mettre, un par un, dans la valise : pull-over, maillot de bain, affaires de yoga, etc. Aucun livre. L'ordinateur portable ? Remis sous le lit. À la seconde où le sac était terminé, mon téléphone sonnait. Le taxi était là !

Le plus intéressant reste à venir. Je prenais un premier vol de San Francisco à Los Angeles où m'attendait un vol de correspondance pour le Mexique. Du fait de cet éternel diktat qui régit le trafic aérien à l'aéroport de Los Angeles – tous les avions doivent tourner pendant au moins vingt minutes avant d'atterrir, puis attendre encore vingt minutes sur le tarmac – j'étais affreusement en retard ce jour-là. N'ayant plus une minute à perdre, j'ai couru telle une petite fille heureuse jusqu'au prochain terminal, en faisant rouler mon bagage cabine et en me demandant si ceux qui avaient enregistré leurs bagages en soute et qui prenaient la même correspondance que moi auraient leurs valises à l'arrivée. La réponse fut non.

Plusieurs heures plus tard, on me déposait au cœur de la ville grouillante de Guanajuato, où j'étais déjà venue des années plus tôt. J'allais séjourner dans un hôtel réservé en ligne, qui semblait être un très joli 3 étoiles. En demandant à une femme où trouver ce dernier, elle pointa son doigt tout en haut d'une colline escarpée, garnie d'habitations colorées. Elle gloussa : *« ¡Cuidate ! ¡Trescientos escaleras ! »*, comprenez « Faites attention ! 300 marches ! »

No problema. Grâce à mon bagage cabine magique, ce ne serait rien de plus que ma routine habituelle ! J'ai toutefois frémi à l'idée d'avoir eu à les gravir avec l'autre sac.

Au cours de ce voyage, j'ai souvent repensé avec émerveillement à combien le Divin avait *insisté* pour que je ne me charge pas avec un bagage trop lourd. Il savait à l'avance ce dont j'avais besoin et c'était beaucoup moins que ce que je n'aurais jamais pu penser.

L'ordre divin

Vous savez désormais que l'ordre divin n'est ni une quête acharnée ni une passivité imposée. Vous vous alignez sur le meilleur des aboutissements et vous vous laissez guider par les bonnes actions, au bon moment. Parfois, face à un problème précis, la route idéale consiste simplement à attendre. Quand une porte s'ouvre, vous le savez. Si vous avez la conviction que tous les besoins seront satisfaits, vous n'aurez jamais à essayer de convaincre quiconque pour le faire changer d'idée ou pour prouver votre valeur. Les situations et les personnes qui sont en harmonie énergétique avec vous le savent instinctivement et se présenteront au bon moment.

Ordre divin ? Quel ordre divin ?

« Ordre divin ? Attendez, vous voulez dire que le Divin est par essence merveilleusement conçu ? Vous insinuez qu'il ne s'agit pas en réalité d'un Désordre divin que je serais obligé de nettoyer et de ranger jusqu'à la fin des temps ? Vous voulez dire que le chaos émotionnel que j'ai toujours attribué à la Création est en réalité une petite projection réalisée – entre autres – à partir du chaos émotionnel causé par des liens affectifs inexistants avec mes parents ? Vous voulez dire que si je trouve quelque chose de merveilleux et de bon, alors Dieu le sait, mais que sa connaissance est emplie d'encore plus d'amour et de perfection que je ne puis le concevoir ?

Peut-être avez-vous raison. Sans doute pourrais-je m'en remettre au schéma optimal auquel je crois et me convaincre qu'il appartient à l'Amour et fait partie de l'ordre divin. C'est peut-être la meilleure relation que j'aie jamais imaginée. Oh, faites que ce soit vrai ! »

Glorieusement guidé par l'Amour

Vous avez sans doute remarqué qu'après avoir suivi ces pratiques pendant un moment, l'attachement aux règles nébuleuses qui vous dictent comment être spirituel cesse. Vous ressentez cet extravagant pouvoir mêlé de grâce et d'intelligence qui attend de s'engager avec vous de façon encore plus inattendue et profonde.

Laisser les choses venir à leur rythme.

« Pour moi, vous avez rendu cette découverte du Divin amusante. Je pense à Dieu à chaque instant, désormais. Celui que j'avais connu enfant. Je me rappelle m'être assis avec cet Amour, convaincu d'être là où je devais être et en sécurité. Maintenant, ce sentiment est revenu. Il est incroyable, familier et trop émouvant pour être décrit avec des mots.
Merci de m'avoir enseigné comment offrir. L'abandon insuffle une telle puissance. Au moment où j'offre tout en retour à Dieu, un doux sentiment de soulagement m'envahit, que la « réponse » me soit donnée dans l'instant ou plus tard.
Merci de m'avoir donné cette capacité à laisser les réponses venir à leur rythme. Merci aussi d'avoir raconté toutes les façons amusantes dont les choses se déroulent... avec Dieu. Cela me permet d'avancer avec aisance et grâce dans des temps difficiles !
Enfin, merci de m'avoir rappelé que chaque jour n'est pas seulement un dialogue avec Dieu, mais une histoire d'amour. Je l'aime éperdument et en l'aimant, je suis glorieusement guidé, protégé et porté jour après jour. Tout ce que j'ai à faire est d'inviter et de m'ouvrir, ce qui est chaque jour de plus en plus facile.
Parce que j'étais vraiment prêt à apprendre tout ceci, votre méthode a fait effet. »

Prière pour vous ouvrir à l'Amour

Seigneur, aide-moi à croire qu'il existe un Plan bien au-delà de ce que je peux entrevoir dans le voile de mes peurs et illusions.
Puis-je évoluer en harmonie avec Ton Flow, en sachant à chaque instant que tous les besoins seront comblés et que Toi seul me guideras. Emplis-moi de Ton Amour nourricier et infini. Je suis Tien(ne). Tu es mien. Nous ne sommes qu'Un. Tout est bien.

Une décision de dernière minute

J'ai une dernière histoire à vous raconter. Il y a quelques années, j'étais au chevet d'une amie sur le point de mourir. Atteinte d'un cancer du côlon, elle avait décliné lentement, pendant plusieurs mois. Sa famille et ses amis s'étaient réunis auprès d'elle.

Selon les critères établis par la société, elle avait très bien réussi sa vie. Elle avait eu deux enfants qu'elle aimait profondément, mené une carrière florissante en tant que costumière et décroché quelques Golden Globes pour son travail. Elle possédait une coquette maison à Marin County (l'un des plus jolis endroits de Californie) remplie de trésors exotiques rapportés de ses voyages autour du monde. Elle avait une vie que beaucoup envieraient.

Si vous vous êtes déjà rendu sur un lit de mort, vous savez sans doute que la personne sur le point de « passer de l'autre côté » peut alors faire preuve d'une incroyable lucidité. C'est ce qui s'est produit ce jour-là. Une lucidité extraordinaire a traversé cette femme et, en écoutant ses paroles, je savais que je les garderais avec moi jusqu'à mon dernier souffle.

D'une voix tremblante et nostalgique, elle dit : « Je n'ai qu'un énorme regret, celui de ne jamais avoir offert à ma vie quelque chose de plus grand que mes désirs quotidiens. J'ai eu deux enfants formidables et de nombreuses occasions pour être créative. Mais à chaque étape, je n'ai fait que ce qui, d'après moi, me rendrait heureuse. Je n'ai jamais demandé à Dieu "Comment puis-je *te* servir ? Vraiment, comment puis-je Te servir ?" Comment savoir ce qui serait arrivé si je l'avais fait ? »

Sa peau était si pâle et son visage si émacié qu'elle semblait diaphane. Son fils, qui était assis sur le lit et lui tenait la main, lui murmura aussitôt : « Maman ! Il n'est pas trop tard. Si tu veux le Lui demander, fais-le. » Elle lui sourit un long moment, puis elle ferma les yeux.

La paix et la légèreté palpables qui emplirent la pièce au moment de son départ m'ont alors convaincue qu'elle avait fini par obtenir sa réponse.

Et qui sait à quel point cela a pu affecter… *absolument tout.*

Méditation finale

Concentrez-vous quelques instants sur votre respiration. Inspirez calmement l'énergie et expirez toute crainte ou peur. Alors que vous respirez, sentez que vous vous détendez et entrez dans un endroit calme et profond, à l'intérieur de vous. Un lieu qui attend depuis toujours votre retour.

En vous reposant dans cet endroit, imaginez une fois encore toutes vos finances et offrez-les à cet Amour éclatant. Vous pouvez tourner les mains vers le ciel et voir que tout (chaque préoccupation, chaque poids, chaque facture) est offert en retour à l'Amour universel. Vous pouvez dire : « Tu connais chacun de mes besoins et maintenant, enfin, tout est à Toi. Fais que de n'importe quelle manière le meilleur se produise. »

Ressentez la paix et la libération que cela procure.

Encore une étape. Imaginez maintenant que, alors que tout cet argent a été entièrement offert, quelque chose souhaite encore l'être. Votre Être tout entier.

Et que vous êtes prêt(e).

Vous ressentez cette force d'Amour qui sait tout et qui vous attendait. Elle l'accepte, maintenant, pleinement, et se réjouit de votre offrande sacrée. Offrande de vous-même, de votre Être entier, sans aucune nécessité d'être encore plus méritant.

Sans aucune exigence supplémentaire. Vous avez mérité d'appartenir tout entier à l'Amour.

Vous ne faites qu'un avec l'Amour universel.

Détendez-vous et restez dans cette sensation pendant quelques minutes.

Puis ouvrez les yeux.

RESSOURCES POUR ALLER PLUS LOIN

L'acte de laisser le Divin prendre les commandes demande de la pratique et de l'engagement, afin que le processus puisse ensuite mener sa propre vie.

Voici quelques ressources qui pourront vous aider au cours de ce processus. Les premiers éléments sont disponibles en anglais sur mon site Internet : www.toshasilver.com.

Ressources de mon travail

Forum du site Living Outrageous Openness. Cette communauté en ligne a débuté en 2015 avec pour objectif de vraiment aider les gens à laisser le Divin prendre les rênes. Sont inclus des appels hebdomadaires avec moi et un groupe Facebook® privé réunissant des personnes du monde entier (en anglais).

Autres ressources

Si vous souhaitez approfondir le sujet, vous pouvez vous plonger dans les vieilles pratiques spirituelles merveilleuses de l'offrande et de l'abandon :

Les *yoga-sūtras* de Pantanjali

La *Bhagavadgita*

Tous les poèmes de Rûmî et Hafiz

Le Jeu de la vie et comment le jouer, de Florence Scovel Shinn

REMERCIEMENTS

L'un de mes proverbes favoris explique que si Dieu souhaite faire quelque chose, soit Il vous donne la force de le faire, soit Il apporte l'aide nécessaire.

Dans le cas présent, je crois qu'Il a fait les deux. De nombreuses personnes m'ont aidée au cours de la préparation de ce livre – et m'ont même sauvée la peau – aussi, je présente par avance toutes mes excuses si d'aventure j'oubliais quelqu'un.

Je remercie tout d'abord mon bon ami et manager, Matt Klein, qui s'est occupé de moi tous les jours de cette aventure avec patience, gentillesse et humour.

Merci à Stéphanie Tade, mon agent-guerrière-bouddhiste, qui est également une incroyable amie et supportrice. Je m'incline devant toi et te remercie de m'avoir écoutée – lorsque j'avais un doute (ou deux) – avec une attention empreinte de compassion et grâce à laquelle la magie a opéré.

J'adresse toute ma gratitude à Patty Gift et Lisa Cheng. Merci de m'avoir guidée avec attention et courage tout au long de ce processus complexe. Merci à Anne Barthel d'être arrivée en fin de course et de nous avoir tous victorieusement poussés avec éloquence et grâce jusqu'à la ligne d'arrivée.

Merci à Melissa Russo, la première éditrice qui a brillamment su retranscrire le cours d'origine *It's not your money* en un document exploitable. Ce travail est inestimable !

Merci à Kelly Malone (également connue sous le nom de *Dancing Queen portugaise*), la seconde éditrice, qui a su peaufiner le manuscrit pour le soumettre. Sans son enthousiasme et son humour de Bélier, couplés à son incroyable don pour trouver le bon mot au bon moment, je n'aurais jamais été capable de terminer ce livre. Elle est devenue l'une de mes amies les plus chères.

Merci à la Dr Christiane Northrup qui m'a soutenue en m'envoyant des SMS et qui est une alliée depuis toujours. Je l'apprécie de tout mon cœur.

Merci à Natalie Haggerty, ma *Snake Queen* et compagne d'écriture qui a partagé avec moi des mois et des mois de séances d'études en ligne sur FaceTime®. Sincèrement, je ne sais pas ce que je ferais sans elle.

Merci à David Lane, qui a toujours été d'une grande aide et une source d'inspiration dingue (déjà pour mes précédents livres).

Bodi Regan, Hanna Weare, Sarah Buscho et Sarah Drew, qui sont depuis toujours des amis extraordinaires et fidèles. Merci !

Merci aussi à tous les guérisseurs qui ont su me remettre sur pied lorsque j'ai souffert de blessures aux deux genoux, en plein milieu de cette aventure : Kerry Haworth, Matthew Graham, Andy Lesko et Rodney McBride.

Merci aux centaines de belles âmes qui se sont inscrites à la formation en ligne *It's not your money*. Vos encouragements enthousiastes m'ont aidée à écrire ce livre.

Enfin, un très grand merci à Shaun Herman Merkord... juste parce que.

À PROPOS DE L'AUTEURE

Tosha Silver est diplômée de l'université de Yale en littérature anglaise. Au cours de ses études, elle est tombée follement amoureuse de la philosophie yogique. Ces trente dernières années, elle a enseigné dans le monde entier comment s'aligner avec son Amour intérieur. Elle est l'auteure de nombreux ouvrages : *S'offrir le bonheur d'exister : laissez le divin ouvrir la voie, Prières pour une transformation personnelle* et *Make me your own.* Elle vit près de San Francisco où elle gère une école en ligne, appelée *Living Outrageous Openness*[1], qui assiste ceux qui suivent ces belles et anciennes pratiques. Vous pouvez en découvrir davantage à propos de Tosha Silver, en consultant son site : www.toshasilver.com.

Tosha aime trouver de nouvelles façons d'embrasser le Divin avec originalité, tout en évitant à tout prix d'utiliser le jargon et les clichés habituels. Elle aime le fait que le sacré ne fasse qu'un avec la banalité. L'Amour seul commence à mener lorsqu'il est sincèrement invité – par quiconque.

L'Univers est une fête divine.

Venez comme vous êtes !

1. *Vivre une ouverture extravagante.*

Composition et mise en pages
Nord Compo à Villeneuve-d'Ascq